U0622156

江苏省教育科学"十二五"规划 2013 年度立项课题
"中职生失范行为的矫正策略研究"成果

编辑委员会

主　　编　　**杜闽生　　包云鹏**

执行主编　　**薛　薇　　徐冬元　　张培芳**

副 主 编　　**曹存明　　王　翔　　蒋德顺**

　　　　　　李　婧　　王平原　　陈永富

　　　　　　肖玉英　　王　妮　　孙艳敏

编　　委（按姓名拼音顺序排列）

　　　　　　包云鹏　　曹存明　　陈永富

　　　　　　杜闽生　　黄连海　　蒋德顺

　　　　　　李　婧　　石明华　　孙艳敏

　　　　　　王　妮　　王　翔　　王平原

　　　　　　王桃根　　薛　薇　　徐冬元

　　　　　　肖玉英　　赵国琪　　张培芳

主编

杜闽生　包云鹏

吹面不寒杨柳风

镇江市职业学校学生教育案例汇编

江苏大学出版社

JIANGSU UNIVERSITY PRESS

镇江

图书在版编目(CIP)数据

吹面不寒杨柳风：镇江市职业学校学生教育案例汇编/杜闽生,包云鹏主编. —镇江：江苏大学出版社，2015.11(2016.9重印)
　ISBN 978-7-5684-0105-0

　Ⅰ.①吹… Ⅱ.①杜… ②包… Ⅲ.①中等专业学校－教案(教育)－汇编－镇江市 Ⅳ.①G718.3

中国版本图书馆 CIP 数据核字(2015)第 275888 号

吹面不寒杨柳风
——镇江市职业学校学生教育案例汇编
Chuimian Buhan Yangliufeng

主　　编/杜闽生　包云鹏
责任编辑/米小鸽　万才兰
出版发行/江苏大学出版社
地　　址/江苏省镇江市梦溪园巷 30 号(邮编：212003)
电　　话/0511-84446464(传真)
网　　址/http://press.ujs.edu.cn
排　　版/镇江文苑制版印刷有限责任公司
印　　刷/江苏凤凰数码印务有限公司
经　　销/江苏省新华书店
开　　本/890 mm×1 240 mm　1/32
印　　张/8.5
字　　数/211 千字
版　　次/2015 年 11 月第 1 版　2016 年 9 月第 2 次印刷
书　　号/ISBN 978-7-5684-0105-0
定　　价/36.00 元

如有印装质量问题请与本社营销部联系(电话:0511-84440882)

序　言

　　加快发展现代职业教育是党中央、国务院做出的重大战略部署,对于深入实施创新驱动发展战略,创造更大的"人才红利",加快转方式、调结构、促升级具有十分重要的意义。近年来,我国职业教育事业快速发展,体系建设稳步推进,培养、培训了大批中高级技能型人才,为提高劳动者素质、推动社会经济发展和促进就业做出了重要贡献。职业教育不仅要培养学生较强的技术和动手能力,也要教育他们有理想、遵纪守法、有社会责任感,更要有良好的社会道德意识、文明行为习惯,以及敬业守信、精益求精的职业精神。因此,加强和改进新形势下中等职业教育的德育工作,成为进一步提高职业教育人才培养质量的重要工作。《中等职业学校德育大纲(2014 年修订)》明确了中等职业学校的德育目标:把学生培养成为爱党爱国、拥有梦想、遵纪守法、具有良好道德品质和文明行为习惯的社会主义合格公民,成为敬业爱岗、诚信友善,具有社会责任感、创新精神和实践能力的高素质劳动者和技术技能人才,成为中国特色社会主义事业的合格建设者和可靠接班人。

　　围绕这一德育目标,中等职业学校必须全面贯彻党的教育方针,紧密联系实现"两个一百年"奋斗目标和"中国梦"的实际,遵循职业学校学生身心发展的特点和规律,按照培育和践行社会主义核心价值观的要求,坚持以人为本、德育为先、能力为重、全面发展,坚持深化教育改革,坚持育人导向,坚持知行合一,坚持进行深入细致的思想教育,同时要进行科学严格的管理,增强学生接受教育的主动性,实现教育与自我教育、自律与他律、激励与约束的有机结合,为社会培养出更多德才兼备的高素质劳动者。

中等职业学校德育的重要目的是塑造学生、培养学生、发展学生,要旨在于培养学生拥有原先所不具有的良好品行,发扬学生已有的良好个性品质,矫正学生已养成的不良习性。在这三点中,第一点类似于在白纸上泼墨挥毫;第二点仿佛是给成长的树苗浇水施肥;第三点恰似给生病的孩子寻医问药、把脉治病,不仅要治病救人,而且要精心调理,这当是最难、最费心思的。

在我国当前的教育架构下,中职生作为一个学习基础参差不齐、行为水平差异较大的特殊群体,其已养成不良习性的学生比例要远高于其他学生群体,这不仅给中等职业学校的管理带来诸多挑战,而且影响到中职生的健康全面发展,事关职业教育人才培养的质量,事关国家创新驱动发展战略的实现。面对这一现实问题,中等职业学校的教师们无不倾注心血,以期通过自己的教育实践来提高中等职业学校的教育管理质量,促进中职生良好行为习惯的形成和心理的健康发展,使众多中职生成为符合社会需要的高素质应用型技术人才。

江苏省教育科学"十二五"规划课题"中职生失范行为的矫正策略研究"课题组正是在这样的背景下,基于他们的职业教育情怀和社会责任感,立足职业教育实践,通过调查分析、文献研究、行动研究等方法,对中职生失范行为的成因、矫正策略和机制等展开深入研究。为了保证课题研究成果对职业教育实践具有现实指导意义,课题组研究了众多矫正案例,这些案例来自于职业教育的实践,涉及班级群体问题行为矫正,以及个体学生课堂失范行为、课外问题行为、不良学习习惯、心理健康问题的矫正引导等,涉及面广且具有典型性。为了获得更为典型的职校生失范行为教育案例,2015年初由镇江市职教教研室组织,在全市职业学校开展了"镇江市职业学校学生教育案例评选"活动,活动收集到参评案例近90篇,从中评选出一等奖教育案例9篇、二等奖教育案例20篇、三等奖教育案例33篇。这些案例不仅体现了镇江市职业教育一线教师的教育成果,而且凝结了他们的教育智慧,更体现了他们博大的教育情怀。"案例是理论的故乡",案例是鲜活生动的教材,它能给人启迪和借鉴。有鉴于此,现将精选的"中职生失范行为的矫正策略研究"课题组的部分研究案例和"镇江市职业学校学生教育案例评选"的部分获奖案例结集成册,以期大家能从中获得启示,并将其付诸职业教育实践,使更多的问题学生在爱的浸润下,得到教师们更加科学有效的引导和教育,促进其心理、品德、道德意识和行为习惯等健康发展,从而提高职业学校的德育实效,切实提高现代职业教育人才的培养质量,为社会经济发展培养出更多、更好的高素质劳动者。

薛安明

2015年10月

目录

班主任工作

日常行为教育

心理健康疏导

学习问题引导

班主任工作

让"带刺的花蕾"尽情绽放

常冬娣

【案例背景】

时光匆匆,弹指一挥间,我已经在教育教学岗位上工作了14个年头了,班主任也当了14年了。在这14年的工作生涯中,有辛酸,有喜悦;有失败,有成功,有诸多说不完的故事。在我眼里,每一个学生都是一朵含苞待放的花蕾,作为班主任,我们有责任让他们都绚丽地绽放,特别是对于那些"带刺的花蕾",我们更应多一些关爱和呵护。当了14年的班主任,遇到过很多"小刺头",他们身上发生过许多令我感到辛酸也令我感动的故事。其中有一个学生,我为他的成长成才而感到欣慰和自豪。

【案例描述】

2008年8月,我又新接了一个班,拿到学生名册时我不禁倒抽一口凉气,46个学生的"性别"一栏里清一色地全是"男"字。大家都知道职校学生难管,职校男生更难管,而由46个男生组成的电焊班级的管理难度就可想而知了。"明知山有虎,偏向虎山行",一直都很喜欢当班主任的我没想到要退缩,相反,我觉得这是一种挑战,我要靠我的智慧、我的耐心、我的爱心来管理好这个班级,我有信心带好我的这"46个兵"。我首先调取了学生档案,大概了解了学生的情况。

报到第一天，当大多数学生都坐下后，我环视了一下教室，虽不能以貌取人，但是这一环视还是让我感受到了这群学生的个性：旁若无人地嚼着口香糖的、不经意间冒出脏话的、顶着爆炸飞机头的、着装夸张怪异的……这时，四五个学生簇拥着一个黄头发男生走了进来，像极了一群小弟围拥着"黑社会大哥"的阵势，黄头发男生看到我的一瞬间，我从他的眼睛里看到了蔑视和挑衅。而根据之前看过的学生档案，我知道眼前的这个男生就是毕业于一中的赫赫有名的朱同学。据了解，朱同学在初中时就是个混世魔王，打架、抽烟、逃学、早恋……种种恶劣行径让他在初中时便"恶名远扬"。当得知这个学生在我们班之后，有人善意地劝告我，尽早搜集这个学生干坏事的证据，早点找机会把他开除掉。而我从朱同学邻居那里了解到的情况是，这个孩子从小父母双亡，与年迈的爷爷相依为命，本质上这个孩子还是比较孝顺的，在家里也很勤快，能帮爷爷做很多事情。我决定要尽我所能引导这个孩子走上正道。

【方法措施】

虽然明知朱同学一行人已经迟到，虽然看着他连报告都没喊就招摇着走进教室，我还是很淡定地说："今天是报到第一天，大家第一次见面，我需要找个助手来协助我管理班级。"这样，我就请最后进教室的朱同学担任临时班长。朱同学对我报出他的姓名并请他担任临时班长感到十分意外。接着我把朱同学叫到讲台边来，把花名册交给他，让他点名，并且告诉他以后每天都要负责点名签到的事。朱同学没有拒绝。报到结束后，我再次叫住了朱同学，对他刚才协助老师点名表示感谢，赞扬他有组织管理能力，并鼓励他往后要更加努力地管理好班级。被表扬的朱同学反而有些不好意思了。这时，我不失时机地以商量的口吻跟朱同学说："老师陪你去趟理发店吧。"朱同学立即说："老师，别说了，我懂你的意思了，我自己会去理发店的。"第二天走进教室，看到满头黑发的朱同学后我由衷地笑了。开学后不久就是中秋节,放假前,我把朱同学叫到办公室,递给他一盒月饼并对他说:"带回去跟爷爷一起过中秋吧。"那一刻,朱同学的眼睛湿润了。

日子一天天地过去,就在我以为我成功地转化了朱同学时,一记重磅"炸弹"砸了过来。一个星期五放学后,我还未回家,接到学生处老师打来的电话,说我们班朱同学一出校门就把两个学生打伤了。我赶紧跑到校门口,朱同学正怒气冲冲、歇斯底里地喊着"别拉我,我就是要揍他们俩。"看到我过去了,朱同学不作声了,而另外两个学生头上都受了点伤。由于朱同学的爷爷年迈体弱,我就没打电话惊动他,而是立即打车带着两个受伤的学生和朱同学一起到医院去。到了医院,受伤学生的家长也过来了,他们看到自己的孩子受伤,很生气甚至要动手打朱同学,被我及时劝止了。但两个家长一定要学校给个说法,不处理朱同学他们肯定不会罢休,同去的学生处领导也表示一定会根据校规严肃处理朱同学。

在医生给受伤学生处理伤口时,我大概了解了事情的经过:原来是两位同学当面嘲笑朱同学是乖孙子并辱骂他父母,朱同学气不过就动手推了其中一位同学,结果两个人都摔倒在地。受伤学生的伤口处理好后,其家长就把他们带回去了,同时表示第二天要去学校,要看到学校对朱同学的处分。而在学生处老师找朱同学谈话时,他一听要处分就表示"大不了不上了",说着就跑了出去。得知朱同学跑了,我又气又急,这时又有人劝我说:"算了,你对朱同学已经够好了,这次他自己打架不上了,就随他吧!"其实我当时也问过自己:难道就这样放弃朱同学吗?不,不能放弃。下班后我第一时间赶到朱同学家,朱同学的爷爷十分难过,而朱同学则坐在凳子上一言不发。爷爷说朱同学回来说他不愿意接受处分,他不想上学了,要出去打工。我问朱同学有没有认识到自己的错误,朱同学低头说不该冲动,不该动手打人,并说不想被处分,不想让爷爷失望。其实,到朱同学家之前,我就已经想到了解决方法,后来我带着朱同学买了水果去两个受伤学生的家,在对受伤学生的家长坦诚介绍了朱同学的家庭情况后,通情理的家长们表示不追究他的责任了。这样,在我的努力下,学校没有处分朱同学,只是让他在晨会上读检查并保证以后遇事冷静、不冲动。从这以后,朱同学就开始喊我姐姐,而我也乐意认他做弟弟。

【效果体会】

朱同学真的转变了。在班级中,他由临时班长成功当选为正式班长。在他的协助管理下,我们这学生口中的"纯爷们儿班级"呈现出了良性循环的势头:运动会上,我们的学生勇夺冠军;教室里,男生们策划的黑板报及保持的班级环境得到了很多老师的表扬;我们班多次被评为校级文明班,而且在2009年下学期还被评为镇江市优秀班集体和江苏省优秀班集体。

2010年,朱同学应征入伍,成了一名光荣的海军战士。入伍后,朱同学非常有上进心,他爷爷几次打电话告诉我说收到部队发来的喜报。而且朱同学在2011年还成功考取了军校。入伍后的朱同学,每个节日都不忘给我打电话或者发短信,有一条短信是这样说的:"常老师,我的姐姐,没有你的宽容和鼓励,就没有我的今天,我永远都不会忘记你的恩情!"

教师要有宽容心,对学生要少一点苛责、少一点失望、少一点冷漠,而要多一份理解、多一份信心、多一份亲切,这样才能走进学生的心里。教师要相信每一位学生都有自己的天赋、才能、兴趣和力量,相信他们都能成为有用的人。特别是对于后进生,教师更要怀揣一颗宽容之心,从关爱的角度出发,不失时机地抓住他们身上的闪光点,用爱心和耐心唤起他们的自尊心,坚信每一位学生都会成功,给学生更多的信心和力量,使每一位学生都能健康地成长。

(作者单位:江苏省扬中中等专业学校)

无论爱与不爱，下辈子我们都不会再见

常　琳

【案例背景】

"亲人只有一次的缘分，无论这辈子我和你会相处多久，也请好好珍惜共聚的时光，下辈子，无论爱与不爱，都不会再见。"这是香港知名电台主持人梁继璋给儿子的一封信里的话。我一直很喜欢这句话，亲人也罢，学生也罢，都只有此生的缘分。所以，从我决定当班主任的那一刻起，我就暗暗对自己说："我要尽自己最大的努力，不离不弃，引导我的学生走自己该走的路，愿他们都拥有一段美好的人生。"

但是要当好职业学校的班主任是何其艰难！回想刚接手无锡机电大专班时，首先学生人数就给了我不小的压力。站在讲台上的那一刻，教室里的 51 人愣是让我吓了一跳，51 人中只有 9 个女生，男女生比例严重失衡。站在讲台上每说一句话，我的嗓门如果不够大，42 个男生讲话、打闹的声音就会让我毫无存在感！

哪一个进职校的孩子身上没有些许不足之处？观察之后，我发现班上同学有的性格怪异，沉默寡言，不善与人相处；有的过分活跃，像极了"沙丁鱼效应"里面的大鲶鱼；有的如同电影《大话西游》里的唐僧，嘴巴一刻不得闲，说个不停；有的因成长在单亲家庭，世界观、人生观多少有点扭曲。另外，大多导致失败的坏毛病，他们身上都有：懒惰、不守时、无诚信、无毅力、做事无计划……

对着这些学生，我深吸一口气，开始了上下求索的漫漫长路。

首先,树立威信。"师者,所以传道授业解惑也。"没有真才实学的老师,是没有威信可言的。为此,我利用一切空闲时间,多看书、多学习,同时把我看到的一些精彩的文章和同学们一起分享。班级的书架上有一块小白板,上面总是会有一些我摘抄的打动人心的句子。同时,要树立威信,还需加强道德修养。我始终相信,班主任的一言一行对学生都起着潜移默化的作用,会在学生心目中留下深刻的印记。不会生活的老师不是好老师,我经常结合自己的生活经历,通过言行举止引导学生提高自身修养。

其次,注重班级文化建设,引导学生进行合理的定位。我从不片面地以考试成绩作为评价学生的主要或唯一标准,而是鼓励学生参加各类活动,从而让他们认识到自己的优点和缺点;明白自己的兴趣、爱好所在;分清哪些事该做,哪些事该马上做、该怎样做;思考自己的过去,审视自己的现在,设计自己的将来。我经常对他们说:"没文化,真可怕!"可文化到底是什么呢?——是学历?是经历?是阅历?答案:都不是。文化可以用四句话来表达:(1)根植于内心的修养;(2)无需提醒的自觉;(3)以约束为前提的自由;(4)为别人着想的善良。

两年多来,管理这样一个大班级,我付出了异常多的艰辛,但一路走来,痛并快乐着!痛的是想做的事情很多,想爱护的人不少,奈何我这心脏不够强大,我这脑袋还不够灵光!时间有限,精力有限,能力有限!快乐的是,尽管艰辛,学生们都或多或少地成长了,向着我希望的方向前行。其中不乏改变之大,让我感动、忘了苦和累的学生。他让我第一次感受到了教育的伟大,下面就来说说他的故事。

【案例描述】

犹记第一眼见他时的印象:潘同学——黑瘦的小个子男生,相当活跃,窜前窜后地讲话,一看就是一只相当难缠的"小猴子"。初露锋芒时,他竟然要竞选班长一职,这让大家大跌眼镜,但我发现,他还准备了演讲稿,且演讲的效果不错。当下我暗自决定以后要帮他一把,因为作为初中老师眼里的后进生,他受尽冷眼,到了职校后能够如此有准备地竞选班长,这说明他有上进心。

当上班长后的潘同学,如同变了个人似的,连外表都由原来的黑瘦、邋遢变得白净、整洁。他一方面以身作则,认真做好分内之事,另一方面,时刻心系班级,努力把班级带好。高一的孩子有的是雄心壮志,缺的是毅力和淡定。总是会有一些事,有一些人,教会他们成长,潘同学就碰上了这样一件事。

学校的宿舍楼周围林荫环绕,于是夏天的学校宿舍就是蚊子的集中营,即使有蚊帐也无济于事。奈何学校为了安全,禁止在集体宿舍点蚊香。于是,整个学校的人一到晚上就要进行人蚊大战,难以入眠。第二天一大早被宿管老师喊醒后,每个人都顶着俩熊猫眼,而潘同学的情况最为严重,貌似蚊子很喜欢他的血型。一两天这样,他忍住了,但如果两个礼拜都是如此呢?终于有一天,大清早,他爆发了。宿管老师看到起床铃响了好久之后,整个他们宿舍的人还都在床上,就训斥了他们。于是潘同学"怒发冲冠一声吼",跟宿管老师顶撞了起来。结果就是,我早上查宿舍,一碰到宿管老师,他就拉住我说个不停,看来气得不轻。听完宿管老师的讲述,我来到宿舍,看到潘同学如同英雄就义般,铁了心正准备卷铺盖走人,并朝我吼道:"从小到大我都没吃过这个苦,为什么连个蚊香都不能点,我不住校了!"后来他还在 QQ 上留言了一大段话给我,大致意思是他把我当亲人,结果我也不帮他,言语间委屈得很。

【方法措施】

碰到被怒火冲昏了头脑的人,最明智的做法就是先不理睬他。于是当时我听而不答,例行查完宿舍,转身就走。但这不代表我不会采取任何行动。首先,我打了个电话给潘同学的妈妈,把学校不让学生在宿舍点蚊香的原因跟她沟通了一下,把早晨的情况也陈述了一下,希望她能做潘同学的思想工作,而不是赞成潘同学的意气用事。其次,我跟宿管老师解释了一下,帮潘同学道了歉。

然后我就在等,等潘同学的头脑冷静下来,等他后悔做出朝我吼的举动。等他平静下来之后,我告诉他:"第一,学校宿舍不能点蚊香是因为有火灾隐患,你不分青红皂白,朝宿管老师发火,你这是迁怒于人。第二,有了问题应该想办法去解决,不能点蚊香,还可以采取其他灭蚊方式。碰到困难就退缩、甩手走人不是你这个男子汉该有的行为。第三,'天将降大任于斯人也,必先苦其心志,劳其筋骨,饿其体肤……'这点苦都吃不了,以后如何去适应社会。"我一边说一边观察他的表情,他似乎有所触动。我暗自松了一口气,没有枉费我这番苦心。

事后,他妥善地处理了宿舍的蚊虫问题,并且主动向宿管老师道歉认错。经过此事后,他急躁的性格沉稳了很多,遇事基本能做到三思而后行,办事越发稳妥了。年少轻狂,谁不会犯错?关键是犯错后能及时反省自己并且有所进步,做人需要有扬在脸上的自信、长在心底的善良、融进血液里的骨气、刻进生命的坚强。这些,潘同学后来都做到了,所以我也当什么事没发生一样,一如既往地相信他。

【效果体会】

用心去对待每一个学生,不论多久,你终究会收到他们的回报。潘同学就是一个非常懂得感恩的学生,他不再懵懵懂懂,而是开始懂得做生活中的有心人。

他说:"一个人的成长其实就是让你从最初狼狈不堪的模样,变成你曾经想都不敢想的那个人的过程。在来我们学校之前,我很迷茫,不知道为什么要来这里,不知道学这些有什么用,不知道这些跟我以后的工作有什么关系,直到现在我才明白。暑假里去学数控,在车间里面,第一次看见了学徒工,有些是我们学校的学生。看到他们因为在校时机械制图学得不好,看不懂图纸,就只能日复一日地背钢板。我想我现在之所以能忍别人不能忍之事、能吃别人不能吃之苦，能看透彻事物背后的联系，很大原因是来自于这段实习经历。虽然没有工资薪酬，但是我真的学到很多钱买不来、学校里学不到的东西。"

正如他自己所说，我果真看到了他在校期间能忍别人不能忍之事、能吃别人不能吃之苦。他参加演讲比赛，打着手电在被窝里背稿子，一遍又一遍地在班级和年级同学面前练胆量，虚心地向老师请教演讲的要点，最后终于在学校比赛和市级比赛中获得好成绩；他参加"金话筒"主持人大赛，用心想创意、做 PPT，凭借别出心裁的表演获得了一等奖，并鼓励大家去参加各类活动，发掘自己的潜力；他愿意和优秀的学长们多交流，吸取众家之长，丰富自己的思想；他经常给同学们上班会课，动之以情、晓之以理地对大家进行思想教育；他懂得为人之道，懂得交际之道，有时候和同学们打成一片，任劳任怨，有时候不怒自威，把班级管理得井井有条。

【案例反思】

眼见着他一路走来的成长，我是欣慰的。从当初一个辍学迷茫过、敲诈过别人、总是惹得母亲流泪的孩子，终于成长为一个积极向上，不论路长路短总是笑对生活的少年！偶尔一次看到他 QQ 空间更新的"日志"更是让我感动："别看我平时跟您说说闹闹，其实我是真的很感谢您，没有您，我可能跟那些问题少年一样了，如果不是您一直以来都相信我、支持我，我不可能有今天，您是真正的好老师，我们的常女神，好姐姐！"

回想起开家长会时，潘同学的妈妈红着眼圈，把我当姐妹一样地诉说衷肠，千恩万谢我对潘同学的教导和影响，我顿时觉得平时对学生们的付出都是值得的，即使他们有时会不懂事、犯懒、犯浑、惹我生气；即使他们有时候会开玩笑地喊我"常魔头""灭绝师太"，嫌我对他们要求太严格，但看到一个个像潘同学那样迅速成长起来的少年，我就觉得"路漫漫其修远兮"，我还需更努力，努力让他们变得更美好！

唯愿阳光始终普照我们的生活！愿：你们，最亲爱的孩子们，都快乐积极地生活，踏实地面对每一天，不再为一点小事伤心动怒，也不再为一些小人愤愤不平；一定要把自己打扮得清清爽爽、漂漂亮亮，从容自若地面对生活；多陪家人；对生活抱有希望，微笑着面对困境与磨难，心怀梦想。

（作者单位：江苏省扬中中等专业学校）

如何有效地批评"反叛"学生的顶撞行为

丁小艳

【案例背景】

我班住宿生卢同学,反叛心理较强。一天晚上,学生宿舍熄灯后我去宿舍巡查,刚走到403室,就很清楚地听到卢同学和401室的狄同学在大声争吵,尤其是卢同学连叫带骂的。我一股怒气冲上脑门,打开宿舍门一进去就直接大声训斥她,还准备将她叫到"生管组"。没想到她的情绪一下子狂躁起来,竟然冲着我大声说:"我不去,就是不去。"我更加火冒三丈,准备把她拉到一楼值班室批评教训一番。她却怒气冲冲地收拾衣物冲下楼,很不情愿又好像受了什么委屈,变本加厉地叫嚣着"我不读了,我宁愿不读了"之类的话。从四楼到一楼,我边下楼梯边控制自己的情绪,我想:在这种情况下,采取训斥、指责的方法去对付这头"犟牛",可能会越搞越僵,既达不到教育目的,又损害了师生感情。我很快调整了情绪,又经过生管组老师的配合教育,稳定了她的情绪,先让她休息。第二天,我把她叫到办公室,跟她唠家常,并批评她昨晚的行为。她似乎有些感触,还写了检讨书。我这才松了一口气。后来,我看她无心学习,但喜欢劳动,于是让她管理卫生包干区。经过后期观察和跟踪教育,她改变了许多,工作认真,卫生打扫得很干净,没有扣分现象,课堂、课后很少违纪。我了解到她有毕业后经商的愿望,便积极动员她加入校创业社团、参加牛奶销售创业活动。在团队中,她发挥活泼外向的性格特点,带领所在的团队取得月销售业绩最高的成绩并被评为"校优秀销售团队",她本人自主创业的自信心也更强了。

【原因分析】

像这种消极抵制、甚至藐视对抗批评教育和学校纪律的学生,自然不会像听话、老实的学生那样受老师欢迎。我认为卢同学产生逆反心理的原因有以下两个。

一是主观方面。十六七岁的青少年正处于"叛逆时期",其自我意识较强,性格偏执,喜欢与人争论,喜欢怀疑或攻击别人,于是产生了用各种手段、方法来确立自我与外界对立的倾向,以此来维护自己的自尊。据家长反映,卢同学经常不在家,家长无法对其进行教育。此外,当我拉她去办公室时,她以为我想体罚她,因此就更加狂躁起来,态度粗鲁,反叛性格暴露无遗。

二是客观方面。教育者的可信任度低,教育手段、方法、地点的不适当,往往也会导致学生产生逆反心理。就这件事来说,原本是另一位同学和她开玩笑、嘲笑她,她不服气,两人就吵起来。而她认为我一进宿舍就专门指责她,于是一时冲动,产生不满心理,顶撞老师。因此,我们在遇到学生违纪的情况时应事先调查、认真分析。一般说来,若批评学生不公正,不能一视同仁,甚至错怪了学生,就容易引起学生的不满,进而引发其顶撞老师。如果老师态度生硬,过分批评学生,或者不看时机、不分场合地批评学生,挫伤了学生的自尊心,也容易引起学生的不满。

【方法措施】

学生最怕的不是批评,而是不公正、不公平的批评,因为"反叛"的学生对公正、公平的渴望远比成年人要强烈。经过这件事,我想我们必须做到以下几点。

1. 提高教师自身素养和教育水平

学生逆反心理的形成,很多都与教师教育方式、方法的不当有关。因此,教师首先要着力于提高自身素养,包括心理素质、教育教学业务能力、职业道德水平等。教师要把关心、尊重、爱护学生放在首位,把学生置于与自己平等的地位,在学生出现过激行为时,要学会制怒,善于运用教育策略巧妙化解师生冲突。

2. 教育策略要循序渐进,切忌急躁冒进

面对学生的顶撞,教师需要克制、忍耐,即使学生认错态度不好,故意顶撞,也要冷静沉着,泰然处之。否则,针尖对麦芒,势必"两败俱损",不仅会破坏师生感情,而且容易使矛盾更加激化。俗话说:"退一步,海阔天空。"教师应有博大的胸怀,要宽容对待"顶牛"的学生。

当教师掌握了"反叛"学生犯错的确凿证据后,对他们也要进行个别批评。这类学生自尊心强且内心敏感,容易冲动。如果教师不对事情做深入了解,没有确凿的证据就去批评这类学生,结果会如何呢? 有可能伤害了学生、冤枉了学生,也有可能伤害自己——被学生欺骗,还有可能"两败俱伤"——影响师生关系。

3. 为"反叛"学生创造良好的受教育情境

首先,创建文明的班集体,培养健康向上的班风、学风,充分发挥集体规范和正确舆论的导向作用;其次,积极推进班级管理和教育方式的民主化,充分发挥"反叛"学生自主管理的积极性;最后,针对"反叛"学生的特点,开展丰富多彩的活动,让他们在集体活动中展示才华、修正品德、形成良好的心理素养。

【效果体会】

我们批评学生的目的不仅是让学生认错,而且还要让学生改错;教育的目的不是让学生服从,而是让学生成长。所以,学生嘴上认错并不重要,重要的是内心认错。卢同学经过自我冷静、和老师私下单独真诚的交谈后,赞同老师客观地分析出现矛盾的原因,欣然接受老师提出的改进方法，珍惜让自己发挥所长的机会，增强了为集体争荣誉的自信心。这样的转变是让师生都感到欣慰的，要达到这种效果，就要求教师在批评教育学生时，一定要时刻铭记——宽容、理解、爱护和等待。俗话说"一叶知秋""见瓶水之冰而知天寒"，老师要拥有这种预见事物发展方向的能力，认真总结教育规律，能够成为"反叛"学生问题和教育教学事故的"先知"。

学生不是虚怀若谷的智者，也不是闻过就喜的达士，而是稚气未脱的"小大人"。要让他们欣然接受批评，就要讲究批评的艺术。老师要知道"反叛"学生不是不接受批评，而是不接受不恰当、不得法的批评。一个富有智慧的班主任在解决问题时，要能够耐心地等待时机，主动地寻找时机，恰当地把握时机，使"反叛"学生欣然接受自己的教导。

（作者单位：江苏省丹阳中等专业学校）

允许学生在错误中成长

龚学红

【案例描述】

一天下午放学时,我发现我们班住宿的周同学竟如走读生一般从容地走出了校门,急匆匆地往附近的一处民房走去。我一路跟随他来到了离学校不远处的一间网吧,进入网吧后发现,周同学的舍友盛同学、夏同学早已在那里等候,零食、饮料都已打开,看情况,两人在网吧应该已有一段时间了。看到了作为班主任的我,他们很顺从地从网吧出来了。但当我匆匆取车回来后才看到他们不见了,我又快速返回学校,一边寻找三人,一边与他们的家长联系。但直到家长到校,我们也始终没有看到他们三人,虽然派学生到处寻找,但始终没有找到。几个小时后,终于在学校的一个角落里找到了盛同学,他说其他两人已经又溜出学校了,他想到了老师、家长的嘱咐和教育,还是选择留下来面对错误。

【方法措施】

在事情的处理过程中,我始终看重的就是盛同学勇于面对错误的态度,所以,在后期的处理中,由于他的态度和之前的表现,仅仅给了他一个警告处分。而其他两人犯错后不敢、不肯面对错误,在老师、家长寻找两天后才返回家中,给家里和学校带来不同程度的影响。所以,最后对他们的处分力度明显升级。

虽然表面上看此事已经告一段落，三人在班级的表现也平平稳稳，但我知道他们在思想深处还是存在着敌对情绪。于是，在他们三人有丁点进步时，我便在全班同学面前予以表扬，可喜的是有男同学抽烟时，他们坚决予以拒绝的态度和行为成了教育其他同学的有效榜样。后来，针对班级中其他学生遇到事情缺乏处理问题的正确思路和方法的情况，我利用主题班会的机会，找盛同学的家长到校参与主题班会，请他与学生交流遇到问题时如何与老师、家长及时沟通，如何处理问题等。这种处理问题的态度和方式，不仅使盛同学和其家长对学校的管理和教育方式极为满意，而且通过家长现身说法，对其他同学也产生了良好的教育效果。

【效果体会】

在网吧事件之前，这三人就表现出一些自身的不足。

盛同学初中三年一直住在姑姑家，在姑姑所教的班级上学，由姑姑负责他的全部生活，在那样的"监管"下，他虽然成绩基础尚好，但自我管理能力、自我约束能力、规划能力、做事能力等均不高。入学后，我最初单凭入学成绩以为他还是不错的，所以安排他担任宿舍舍长一职。一段时间后，他们宿舍的卫生不仅没有改善，人际关系也开始紧张起来，甚至出现了明显的帮派与歧视现象，这在男生中极其少见。虽然之前我在做事的方法和方式、卫生的打扫程序及要求上都手把手地教过，但懒惰和依赖是他们共同存在的问题。对于工作的方式、检查的标准、人员的协调等方面的技巧与方法，我也单独与盛同学沟通过多次，但一直没有效果，而且在询问他相关情况时经常得不到回答。于是，我的耐心终于被他们耗尽，再一次出现问题时，我生气地责令他们全部回宿舍彻底打扫卫生，并将所有成员聚集在一起解决宿舍矛盾。问题被一层层揭开后，我才发现他们其实都是没有长大的孩子，很多想法都很简单、幼稚。我们老师在开始时对他们的期望过高，把他们当成大人看待，在遇到问题时将之复杂化了，而他们在遇到自己之前没有处理过或稍复杂一点的事情时,就任心随意,或为了所谓的"同学情谊"或"哥们儿义气",在问题刚出现时处理不当,才造成了最后一团乱麻的局面,而此时自己又无法处置,只能应付了事。于是,我改变方法,首先承认自己的失误与不足,对宿舍成员间的误会和指责进行了分析与协调,帮他们宿舍重新规划、明确任务,将事情一项项落实到每个人,并在大家一致认可的前提下定了口头协议。一段时间后,他们的宿舍情况明显改观。

通过这两件事,盛同学的变化最大,他从以前凡事不操心、不认真、能躲就躲的懒散状态逐渐变得对宿舍、教室、身边的人和事关注起来,宿舍卫生也经常受到"生管组"和学校各部门的表扬,班级事务中也出现了他主动参与的身影,家长反馈说他在家的表现也令他们很高兴,以前他只顾自己的感受,周末回家吃饭时都要父母把饭端到他面前,现在回家不仅主动和父母说学校的情况,还帮父母做饭、打扫卫生,这让父母感动不已。

【案例反思】

其实,学生的成长不是一两天的事情,学生的教育也不是一两天就能完成并见效的。尤其是所谓的暂差生、后进生,他们的现状的产生一定有家庭、社会、学校等多方面的原因或自己难以言之的原因,作为教师,我们应当主动放下成年人特有的优越感,放低姿态,带着爱去仔细探知学生的内心,而学生最容易将自己的真心交付给自己所信赖之人,只要我们有足够的真诚,就能够让他们从心里感受到我们的善意。所以,只要学生的错误不是违法的,我们就可以给他一个改正错误的机会。

我经常对学生说:"犯错不要紧,但认识错误的态度一定要好。"是啊,每个人在成长过程中都难免会犯这样或那样的错误,犯错并非不可饶恕,但对待错误的态度一定要积极。一个经常犯错却不肯认错、无心改过的人怎么可能有变化,有进步呢?

虽说教育从严、管理从严,但有时处理要从宽。长期形成的不良习惯和行为不是一下子就能改正过来的,所以,班主任要善于调控"爱的温度",既要有浓浓的关爱、真诚的鼓励,也要有适度的"惩罚",做到恩威并施。我们处罚学生的目的只有一个:帮助他,完善他,提高他,努力使他成为一个优秀的人。但是,处于青春期的少男少女们都有很强的自尊心、很强的逆反心理,"堵"还是"疏",利弊不言自明。批评是药,如果病人拒绝吃药,哪怕是仙丹都无济于事。怎样才能让病人高高兴兴地把药吃下去呢? 除了对症下药外,还必须讲究劝其吃药的艺术。人在一生中难免会犯错,关键在于我们如何去对待学生的"症状",如何在批评中发现和保护其积极性,让其闪光点得到展现,促使其不断进步。

所以,如果老师居高临下,对学生的要求是"你必须如何去做",在学生犯错时采用批评指责且不容申辩的简单、粗暴的方法,不问原因更不去循循善诱,久而久之,师生缺少思想沟通、情感沟通,心理距离远了,便会导致师生关系紧张、恶化。因此,对一些一时难以说服和开导的学生,我们不能操之过急,往往只能用我们的爱心和真挚的情感来感动学生,耐心的等待也许是最好的方法。

其实,我们每一位老师在教育学生,尤其是那些后进生时,都积累了许多宝贵的经验,处理问题的技巧也会得以提升,在日常工作中逐渐养成务实善思的习惯,这些对教师来说是一笔不可多得的宝贵财富。所以,我们应该感谢后进生,是他们的存在"逼迫"我们要求上进、积极思考,进而成为一名更优秀的教师。

对于那些在行为、习惯、态度等方面存在问题的学生,我们不能要求太高、太苛求,要让他们解决难度低一点、"跳一跳就能摘到果子"的问题,使他们也能体会到战胜困难获取成功的喜悦。允许学生在错误中成长,在负责任的基础上,给学生成长的时间和空间,毕竟一棵小树长成参天大树不是一朝一夕就能实现的。只要怀着一颗关爱的心,运用恰当的方法,这些后进生也会变得优秀。

(作者单位:江苏省丹阳中等专业学校)

感化造就和谐

纪 荣

【案例背景】

多萝茜·洛·诺尔特说："一个孩子如果生活在鼓励之中,他就学会了自信;如果生活在表扬之中,他就学会了感激;如果生活在接受之中,他就学会了爱;如果生活在认可之中,他就学会了自爱;如果生活在承认之中,他就学会了要有一个目标……"

作为职业学校学生这样一个特殊群体的班主任,在班级管理工作中,如果我们真能用心做到以学生为本、用爱去真心体会学生们的内心世界,学生一定能够再次扬起自己希望的风帆,开始他们全新的人生之旅。

我所管理的1213旅游班是个中职班,共有学生42人。我们班的特点是女生多,有31位。她们易于接受新生事物,但又对现实缺乏全面客观的认识,学习目标不明确,学习能力差,主动学习的意识薄弱,纪律意识差,这无疑加大了班级管理的难度。"冰冻三尺,非一日之寒。"学生的一些不良行为习惯,决非一朝一夕形成,而是因长期教育不当,或受不良社会风气影响而逐步形成的。如果我们总是在学生出现问题的时候才去说教,而说教只停留在解决表面问题上,这就好比隔靴搔痒,很难找出症结的所在。因此导致他们总是变好一段时间,又故态复萌。面对这样的学生,我们应该全面、清楚、深刻地了解和掌握其思想动向,消除师生间的隔阂,走进他们的心灵,最终使学生心悦诚服地接受教导。

【案例描述】

一、情——在交往中激发学生心中的爱

在班级管理中，教师应该以一颗爱心对待每一个学生，关心他们，了解他们。在学生心中埋下爱的种子，并使其生根发芽，不断成长。

记得刚带这个班，第一次走进教室时，我就发现了一张较为特殊的脸——呆滞的目光、紧缩的眉头，我从此就注意到了顾同学。原来，顾同学是一个智障生，从小反应就慢，学习总跟不上大家，家庭条件又不好，因此，她从不和别的学生交往。然而一颗不被注意的心，往往最需要阳光的温暖。因此我在班级管理中就特意在生活、学习各方面帮助她。下课了，常和顾同学促膝谈心；放学后，为她补课。顾同学在周记《我的愿望》中写道："我喜欢在自己床上放个大洋娃娃，可是由于家庭条件不好，妈妈一直不肯给我买。"我就在她生日的那周悄悄地买了一个洋娃娃送给她，当顾同学接过这件梦寐以求的礼物时，感动得说不出话来。一次顾同学的妈妈来到学校，看到自己那内向的孩子像同龄人一样，拥有了阳光般的笑脸，感动得流下了热泪……在我和班级同学的帮助下，顾同学在学习及与人交往方面均取得了可喜的进步。

郑同学从小在爸爸妈妈的细心呵护下成长，半年前她的妈妈生重病住进了医院，爸爸得去医院照顾病人，就把她送到了外公家。离开父母，原本活泼的她一下子变得沉默寡言了，连对平时最喜欢的音乐也失去了兴趣。对此我召开了班委会，讨论如何帮助郑同学找回失去的快乐。当得知几天后就是郑同学的生日，大家精心地张罗开了。当她在生日那天的晚自习上看见蛋糕、蜡烛及一张张诚挚的笑脸时，激动地哭了。她没想到爸爸妈妈不在身边，还能有一个如此快乐的生日。

通过以上两个案例，我觉得班级管理一定要将爱如同阳光一样射进每一位学生的心里，"要想得到别人的爱，你首先要去爱别人。"这是老师要教给学生的至关重要的东西。

二、塑——在主题班会中塑造学生的"德"

在上学期,我们班潘同学经常和别的同学一起在课堂上玩或者做小动作,也不听老师的劝告,严重影响课堂秩序;下课后胡乱打闹,脾气暴躁,经常与同学闹矛盾;在宿舍,和宿舍长吵闹,不按时休息,同学们都嫌弃他;还爱上网,平时作业要么写得潦草要么不做,成绩很不理想……每天不是任课老师就是学生向我告状,真让我头痛。于是,我找他谈话,希望他在学校遵守各项规章制度,以学习为重,自我调节,自我改进,做一名合格的中职生。但他只在口头上答应,行动上却原地踏步。看到他不思进取,我的心都快凉了,心想:算了吧,或许他就是应了那句话"小人命,天注定",我能拿他怎么办呢?但是,作为老师,作为班主任,我怎能不理他,而让他变本加厉地闹下去呀!此时,我觉得逃避不是办法,必须正视现实!我心一横:我不改变你,誓不罢休!

为了有针对性地做工作,我决定先去家访,详细了解情况,然后再找对策。第一次,见到的是他妈妈,他没在家,出去玩了,作业还没写。和他妈妈交流了一会儿,知道他爸爸是开长途车的,很辛苦。潘同学在家也不太听话,妈妈也宠他,这次可能又是去上网了。我知道教育他任重道远,所以当天就回了,没找他。

在家访回学校的路上,我的内心久久不能平静,像打翻了的五味瓶。我不能只是哀其不幸,怒其不争。于是,转化他的计划在悄然中进行。

我首先召开了"孝敬父母"的主题班会,利用多媒体视频让学生观看生活中的父母:辛勤忙碌的父母,艰苦朴素的父母,苍老多病的父母等,然后就这一话题,语重心长地讲述了我自己的父母从小养育我,供我上学,等到我有了理想的工作,他们已付出太多太多,虽然头发白了、皱纹多了、背驼了,但是他们却很开心,因为我没有让他们失望、没有让他们的心血白费,所以我必须好好孝敬我的父母。班会结束后,我让学生写品德反思,写自己的心里话。潘同学也写了,但自己的感受仍然十分淡漠,我本来挺恼火,但又想这也正常,一次班会的效果不会那么明显,"革命尚未成功,同志仍需努力"啊!

接着我又开了一次主题班会,主题为"跳出农门,改变人生。"我想教育学生:作为农村的孩子,上学是最好的出路,只有好好学习,考出理想成绩,才能走出山沟,跳出农门,改变命运。我给他们讲述父母今日的辛苦、忙碌就是为了自己的孩子以后不辛苦、将来生活得更好。

再接着我又对潘同学进行了家访,这次他正在家看电影,作业没写。他有点不好意思,因为顾及他的自尊心,所以我好言相劝,让他好好学习。其实我心里窝着火,于是就回去了。

周一晚上,宿舍熄灯了,他没在,我在厕所找到了他,他正在抽烟。心中火气直往上蹿,我说:"你怎么这么不长心眼呀!你让我好伤心呀!我和你谈过几次话了?老师为了顾及你的感受,不想在你妈妈面前批评你,你却不理解我的良苦用心,不懂父母无私的爱,随心所欲,放任自流,不听人劝,血汗钱花的是那么的潇洒,穿的是名牌,你有何权利这样挥霍?人活着一点志气也没有,那还有什么意思,让别人看不起,让父母、老师伤心,你就这样忍心呀?你还记得我给你写的那首诗吗?'学校管理严严严,良苦用心为明天。战胜自己很重要,用心努力笑开颜。'这首诗是我在夜不能寐的晚上发自内心写给你的,你懂吗?"

第二天他给我写了纸条,还挺委屈。我又一次召开班会,主题为"谁最委屈?——父母"。接着我又找他谈话,一场心平气和、语重心长、不带任何批评意思的谈话。我问他:"爸爸开车挣钱容易吗?危险不危险?妈妈在家又看孩子又做家务,你觉得理所当然吗?"这次我看到了希望,因为他哭了(以前从未掉过眼泪),我让他回去写反思。这次他的反思写得很真诚、很到位,写出了自己的心里话,决心要改,希望慢慢来。我给予他信心,鼓励他,教他首先学会做人,特别是要学会心疼父母、体贴父母,在学校要遵守纪律,踏实学习,考出自己最理想的成绩。

后来我给他调了座位,安排了学习帮手。他在教室学习的时间也长了,在宿舍也听话了,逐渐有老师反映他在进步,他的成绩有了大的进步。

去他家回访时,他妈妈的评价是孩子变化很大,回来干这干那,也没再要钱上网了,回来就开始写作业了,这真是太好了。我感到很欣慰。

三、创——在班级管理中带领学生学会自主

我的掌声永远为学生准备,因为我希望每个学生明白:只要努力,丑小鸭也能变成美丽的天鹅!

我在班级日常管理中发现这样一种现象:当学生要离开教室时,有人会问灯要不要关;当大扫除时,有人会问黑板要不要擦……这引起了我的思考:"听老师的话"成了学生们做事的准则,束缚了他们的手脚,更禁锢了他们独立思考的头脑。

我针对学生们什么事都得先问后做的习惯,向学生们提出了"先斩后奏"的口号。"斩"指做,先通过自己的判断,去解决出现的问题;"奏"指说,处理好问题后,可以再向我通报,看看"斩"得对不对,以便他们以后"斩"得更好,从而增强学生的自主性。我对同学们说:"你们是班级的主人,有些事你们可以自己解决,不必先得到老师的批准,但前提是要有益于集体、无损于他人的利益。"随着时间的推移,"先斩后奏"的事如雨后春笋一般多了起来。在学校每学期例行的征询学生对学校管理的意见方面,冯同学建议学校在黑板上方安装灯,减少反光的现象,虽然最后由于种种原因没有落实,但得到了学校团委的高度重视,校团委在校园广播中号召全校学生向冯同学学习,不仅增强了她的信心,而且为班级赢得了荣誉;在句容迎接全国卫生城市检查的活动中,同学们也献言献策,做出了力所能及的贡献。

"十年树木,百年树人。"用心做教育,用爱心、恒心、关心去爱护每个学生,去尊重他们。我相信只要用心就一定能够托起他们明天的希望。

(作者单位:江苏省句容中等专业学校)

摘下我们的"有色眼镜"

程　杰

【案例描述】

2011级这个班我是半路接手的。刚接手时,任课老师告诉我,这个班有几个"讨厌的人",其中一个是走读生江同学。一位任课老师是这样说的:"我的一二两节课他很少出现过,来了就趴着,抬头就讲话、玩手机,不交作业,整天吊儿郎当的,他来学校干嘛?"一进班我就和班上同学制定了班规,对迟到、早退行为制定了详细的处罚手段。在大家讨论确认时,我看了江同学一眼,以确定他认真听大家的谈话。

班规推出没几天,纪律委员告诉我江同学又迟到了,我觉得这次要好好"教育教育"他,树立我这个新班主任的形象。我在班上大声宣布:"江同学,你又迟到了,下午留下来吧。"我观察了一下大家的反应:有人偷偷笑了,有人神情紧张,有人面无表情地做自己的事情。我明白大家都在等待下午的"好戏"。江同学呢,也笑呵呵地答应了。他的笑让我更加坚定"今天我要好好治治他,让别的同学看看"。

放学后他在班上等我,"老班,留我做什么呢?""你就把学校刚发的大柜子的每一格抹干净吧。"那个柜子是铁制的,有60个格子,上面沾满了刷墙的涂料。如果要弄干净,至少要1个小时。因为怕他活干得不仔细,我一直站在旁边盯着。"老班,你先回去吧,要过会儿呢。好了我喊你。""没事,我陪你吧。"他看了我一眼,停了一下就转身去打水了。

"老班,柜子里有很多脏疙瘩抹不掉,能借我小刀用一下吗?""你去拿吧。""老班,疙瘩太多了,借钢丝球用用呗?""行!"看着焕然一新的柜子,看着他慢慢流出的汗水,我不禁思考:一个这么认真搞卫生的孩子,为什么在遵守校规上出现这些问题呢,是不是还有什么隐情呢? 是不是我忽略了什么重要的东西呢? 我决定和他谈谈。

【方法措施】

"老班我弄好了,可以走了吗?""坐下来歇歇,我们聊聊吧。可以告诉我为什么上课常迟到,不做作业,不是睡觉就是讲话吗?"他想了下说:"每天我爸妈下班很迟,我想和他们说说话,就睡得晚;早上没人喊我起床,就老迟到;那些老师一上课就说我,我嫌他们烦,就不写他们布置的作业,看他们生气我就高兴。"

我停顿了一下,问道:"你希望上课时老师把之前受到的气撒在你们身上吗? 你觉得上课当你是空气的老师是好老师,还是及时指正、不断提醒你的老师是好老师?""当我是空气,他不就不负责任吗? 而且我们凭什么做受气桶?""对啊,那你为什么这样对待负责的老师呢? 你想要别人怎么对待你,首先你要怎么对待他。"他低下头,拨弄自己的手指,一阵沉默后,他说:"让我想想吧!"

第二天我在班上表扬了江同学的辛苦劳动,同学们热烈的掌声让他很不好意思。课后他主动找到我,说:"老班,如果任课老师不总找我麻烦,我会交作业,尽量上课控制好自己。早上早点等汽车,争取能赶上早读,至少第一节课按时出现。如果迟到,我就打电话告诉你吧。不过,这门课我从初中开始就听不懂,考试可不能保证哦。"

听到这个话我感觉机会来了,难得他主动上进,我找了任课老师,和她交换了想法,希望她能配合我帮助这个孩子,给他一个机会。我们达成了一致意见:在课堂上表现好的地方多给鼓励,表现不好的地方及时告诉我,课堂上不进行语言批评,课后我及时找他交流。放学后我会帮他先补习初中的基础知识。

接着我和江同学的妈妈私下见了面,了解了他的家庭情况:父母因为工作原因,常常是有上班时间、没下班时间;偶尔有空在家,因为平时交流的少,缺少共同话题,也就各忙各的。之后我介绍了江同学在校的表现,他妈妈只觉头疼,但不知如何是好。于是我提出一个预案,希望家长能配合我们:早上喊孩子起床并尽可能地为孩子准备早饭。每天至少挤出一点时间问问孩子班上、训练队发生的事情。家长答应配合实施这个计划。

【效果体会】

之后的一天,江同学很高兴地告诉我:"老班,我不会迟到了,我妈说她以后每天会喊我起床,还给我弄吃的呢,是不是你打电话给她了,以前我让他们这么做,他们都说你长大了,自己管好自己。老班,你放心,如果以后路上堵车或生病会迟到,我一定会提前打电话给你的,老师布置的作业我会及时给他们的。"我笑了笑,没说话。

接下来他的行为的确证实了他的保证。虽然任课老师还需要偶尔在课堂上提醒他,我也偶尔会收到他妈妈打来给孩子解释迟到理由的电话,但至少江同学愿意静下心来完成作业了。每天放学后,我都会在班上和他一起学习初中的基础知识,缩小他和大家的差距。我还安排班上学习好的同学平时有机会就教教他,帮我关注他的学习。

班上其他爱迟到的同学也对江同学的改变感到不可思议,莫名的紧张感让他们也不敢放肆,只能遵守班规。当然他在班上也常常提醒那些喜欢迟到的人注意上课时间,下午上课前也会喊醒还在沉睡的住宿生。看在眼里,喜在心里,我又多了一个好帮手。当一个习惯养成,要改变也就很难了。

一年半后,江同学顺利通过江苏省对口单招考试升入大学,继续他的求学路。在毕业聚餐时,他感慨地告诉我:"老班,谢谢你当时没有放弃我,别的老师都不拿我当回事儿。我记得你罚我打扫时,你还陪着我,说实话,如果没有你的陪伴,我真有可能随便打扫一下就逃走了,以后的日子还会是老样子,现在还不知道会做什么。"当时我什么都没说,因为我还记得罚他打扫时陪他的真正原因。

【案例反思】

有序的班级管理犹如一盏明灯,能够照亮学生美好的心灵,带给我们无数次的感动,留给我们无数次的热泪盈眶;教育犹如一面旗帜,能够引领学生展露人生的风华,带给我们无穷的力量,留给我们无数的激情。无论是对于普通中职校学生还是体校学生,我们的教育手段会对他们的成长产生很大的影响。因此我们需要沉下心来,不断反思自己的工作,促进学生自我成长。

一、教师带"有色眼镜"的原因

第一,老师先入为主地对穿着整齐、遵守纪律、成绩好的学生形成一种最初的认知偏爱,对做不到这几点的同学会产生厌恶感。第二,教师的高要求、高期望和学生的低实现之间的差距,导致教师产生挫败感,从而形成教师对部分学生的歧视。

德国著名教育学家斯普朗格说过,教育的核心是人格心灵的唤醒。教育的最终目的不是传授已有的东西,而是要把人的创造力量诱导出来,将生命感、价值感唤醒。教育是助人和自助的过程:助人是指帮助学生认识自我、约束自我行为、对自己有信心;自助是指帮助自己提高教育水平、形成正确的教育理念和高超的教育艺术。

二、改善教育效果的方法

1. 正确看待学生,以学生的发展为根本,追求学生的身心全面发展,因材施教

著名教育心理学家霍华德加德纳提出人具有八种智能,每个

人各有专长,因此要正视学生间的差异,尊重并善待学生的个性特征。体校的学生有其独特性:很小就离开父母过着群居生活,处在成长和发育期的他们缺乏自制力,学习惰性大,又要拿出大半时间用于训练,因此各方面都需要教师的正确引导。对有想法但缺乏行动的学生,班主任要帮助其重拾信心,并从自身、任课老师和家长三方面入手,利用各种机会挖掘学生潜能,及时鼓励并给予肯定,让这个星星之火发展成燎原之势。同时帮助学生进行职业生涯规划、确定人生目标、树立职业理想。

2. 公平公正地对待每个学生

作为"一班之主",班主任要时刻注意自己的一言一行对学生的思想、情绪、兴趣及行动的影响,特别在对待学生的态度上,要排除一切外在因素的干扰,如学生的成绩、家庭背景和任课老师的评价,要用自己的心去感受,不带"有色眼镜",务必做到不偏不倚、公正无私。

3. 关注问题学生背后的心理原因

很多时候问题学生都是习得性无助群体,他们或是有认知障碍,或是学习动机低,或是情绪失调,或是习得性无助。他们也许是错误教育方法的牺牲者,班主任应该发现问题背后的真正原因。因此班主任不能一味打压、责骂,要找到问题的根源进行疏导。心智健全、人格完善才是正常学生的表现。

4. 做好润滑剂,协调好学生和任课老师之间的关系

沟通可以减少矛盾,避免任课教师带上"有色眼镜",同时让学生学会与人相处、学会包容和换位思考、反思自己的问题并解决问题。

5. 实事求是,赏罚分明

学生是从周围成人的反应——肯定或否定、奖励或惩罚、赞许或批评中,逐步形成道德认识的。因此,班主任应该认真对待学生的每个行为,做出公正的评价。一个人犯了错,不管他是成绩优秀的还是较差的,该批评的都要批评;一个人做了好事,不管他平时是调皮的还是听话的,该表扬的都要表扬;一视同仁,不带偏见。

　　"有色眼镜"会影响我们的判断,可能耽误一个学生的未来,也可能影响他的人生。一次公正的评价可能会给他重新开始的机会。虽然班主任的工作是烦琐、复杂的,但我相信只要真诚地献出一颗爱心,用耐心和细心精心灌溉,学生就会像一棵棵挺拔的小白杨一样茁壮地成长。我将为此继续努力。

（作者单位:镇江市体育运动学校）

招聘启事引发的思考

黄萍萍

【案例背景】

担任班主任工作以来,我的体会与收益确实不少。我深刻体会到"育人"这两个字的含义。与其他任课老师相比,班主任与学生接触交流更多,担负的责任更重。可以说班主任工作是十分"操心"的:操心学生的学习,操心学生的生活,操心学生的身体健康,操心学生的心理健康,操心学生的人际交往等。从所有的这些"操心"中,我深刻认识到了"育人"的重要性和难度。每一个学生都是独立的个体,他们有不同的思想,有不同的个性。班主任要管理好每位学生,促进他们健康成长,就必须在平日里做个有心人,教育学生要做到动之以情、晓之以理。所以班主任工作——"育人"工作也是一件极具艺术性的工作。

【案例描述】

我教的是中职生,但他们又是中职生中一个很特别的群体,因为他们要参加对口单招高考,所以学校对于他们学习的要求比较高。但是最近的一次期中考试让我头疼不已,拿到试卷我反复研究,发现他们答错的问题不是难题,而是平时要他们背诵记忆的题目,虽然有些题目和平时的练习题是一模一样的,但是班里大部分学生还是答不出来。我觉得这不是学生知识基础的问题,而是他们学习态度的问题,至于为什么会有这种学习态度,我认为是因为他们不清楚自己的学习目的、没有树立正确的学习目标。为了让他们树立正确的学习目标,我煞费苦心。一天我在浏览《扬子晚报》时,看到《扬子晚报》的招聘启事,突然灵光一闪,觉得这是一个引导学生的好机会。

【方法措施】

第二天我便把《扬子晚报》的招聘启事带到教室,利用早读课时间,将实物投影到屏幕上。学生不知道我葫芦里卖的什么药,纷纷小声议论着,我说:"暂时按你们现在毕业以后的文凭算,看看你能找到多少份工作?哪一份是你喜欢的工作?你所学专业能找到什么样的对口工作?"许多学生听了以后开始很兴奋,一个个盘算起来自己适合什么工作、自己喜欢什么样的工作,有些学生在比画着、议论着,但是越到后面声音越小。这时我找了一个平时比较活跃的学生,让他说说他喜欢上面的什么工作,他低声说:"没几份可以做的,别说需要经验的了,就算不要经验的,也没几份能符合要求,一些广告篇幅较大点的、看起来较好的企业的每一个职位都要本科以上学历,只有一些只有一点点篇幅的招聘要求不高,但销售员、客服等职业并不是我想做的,哪能有合适的?"其他同学听了都点头表示赞同。

我接着为他们分析:要想在社会上立足,需要什么样的条件、什么样的文凭。自己没有一技之长的话,以何优势占得先机?我让他们自己好好想想应该如何努力、如何提高自身技能才能从容面对这个社会。趁此机会,我说出我最终的目的:"现在你们要把握住考大学的机会,这样将来才能找到合适的工作,才可以做自己喜欢的工作。工作后,可以先安心地做两三年,这样工作经验就有了,不要眼高手低,成天想着跳槽,份份工作都做不长的话,以后找工作,用人单位一看工作经历,没一份是踏实工作的,一般单位都不会要你的。反之,正正经经、老老实实地做一份工作两三年,积累了工作经验后,哪怕下次转做另外一份工作,用人单位看简历就会知道你第一份工作都能老老实实做两三年,而不是轻浮、急躁地频繁换工作,这样对你的印象就会大大加分,觉得你是个踏实的年轻人,值得录用。学校或许看重的是成绩、品德,而社会看重的是你待人接物的方式、处事技能和人格品德。你们要记住:懂得做人,有时候比懂得做事更重要。"怕他们压力大,我最后又说:"给你们看这份报纸,不是要给你们增加压力,而是想让你们初步了解一下这个社会、了解一下单位的招聘要求,所以不必给自己强加压力,但也不能再把时间浪费在没用的事情上,该学习要学习,该放松还是要放松,但凡事有个度,自己把握好。因为你的人生、你的前程一直都把握在你的手上,你能把握得住,得到的就会更多。现在也顾不得那么多了,时间紧迫,好好复习,争取提高些分数才是最主要的,哪怕十几分、二十分,甚至一两分,只要努力、尽心、问心无愧就好!"

【效果体会】

不知是谁带头,教室里响起了雷鸣般的掌声,我知道这个掌声不是给我的,而是他们给自己的鼓励,也是他们内心的呐喊。同时我自己也陷入了深深的思考:平时学生一出现问题,只是一味地上"政治课"能起多少作用? 现在的"95后",思想比较成熟,但也比较叛逆,有时候换一种新颖的方式来启发他们更好,从根源出发,从他们能接受的方式入手,这样才能激起他们的思想共鸣。

【案例反思】

我不知道这个时候给学生们看这份报纸是对还是不对,觉得有点打击他们,但是,我真后悔,不是后悔给学生们看了,而是后悔没有在高一时给他们看,如果早点给他们看看,也许他们就能更好地提前准备、提前规划了。

同时我也在思考：面对中职生，特别是我带的这个"特别群体"，我应该如何引导？他们既不像普高生那般压力大，也不像普通中职生那般学习轻松，因此很容易迷失自己。只有深入他们内心，帮他们找到学习的动力，才能让他们持久地学习。但是对于即将成年的他们来说，普通说教的效果是不明显的，只有另辟蹊径才能使他们印象深刻，因而换个角度教育学生可能会取得意想不到的效果。

（作者单位：江苏省润州中等专业学校）

师爱滋润出美丽的花朵

赵　林

【案例描述】

李同学是我前年所带班级中的一名高一年级男生，该生倔强、固执，遇事不冷静，易情绪化，易冲动，贪玩，迷恋打游戏，学习目的不明确，缺乏兴趣和求知欲，上课精力不集中，经常不做作业，成绩较差。

新学期开学不久，有一次在课间操时间，我在操场清点学生人数，发现少了一个学生，就到教室去看看是否还有人，因为学校在周一升旗仪式上才强调过，所有学生必须要到操场做课间操，不能躲在教室里和厕所里。但是李同学却在教室里趴在桌子上睡觉，于是我问他："为什么不去操场做操？"李同学说："我心情不好，不想去。"我说："你有事可以跟我讲，不去操场做操是错的，你到我办公室来。"但是李同学的态度极差，说："我今天心情不好，就在教室里，哪儿也不去。你凭什么管我？"不管我怎么劝说，他就是不听，甚至在教室大声喊叫，于是我找到了德育处的陈主任，把他带到了德育处。

陈主任就跟他讲了《中学生日常行为规范》的相关要求，要他承认错误，并写检查，但李同学依然无所畏惧，和陈主任也吵了起来，说："你们学校本来就差，我来就已经是看得起你们学校了，要是成绩好，请我我都不来，我来上职高就是不想学习，就是想舒服、想有自由，不做操又不是大事，你们不就是想收学生的钱吗，管那么多干嘛?"见一时无法与他沟通,陈主任说:"如果你不能认识到自己的错误,就请你的家长到学校里来谈。"谁知李同学却说:"找我家长也没用,我经常在外面玩不回家,我爸也不管我,要不你们就给我处分,开除我吧,反正我自己也不想上了。"这时,我想李同学可能有些特殊原因,即使把家长找来,或者给予他处分,也不能起到教育作用,只能适得其反,使他的逆反心理越来越严重,作为教师,不能育人,何以为师?

【方法措施】

过了半个多小时,见他的情绪逐渐稳定下来,我开始用平和的语调与他聊天,了解他的家庭情况。原来他在一个单亲家庭长大,父母的关系一直不好,经常吵架,在他上小学时就离婚了,他父亲长期在外打工,经常不在家,也没有时间过问他的学习情况,家里的经济状况比较差。从小缺乏父母的关爱和家庭的温暖,导致他心理不健全,使他形成了自卑、固执的性格。现在爷爷和奶奶岁数也大了,只能给他洗衣烧饭,和他也没有共同语言,于是他就和社会上的不良青年混在一起,上网聊天、打游戏,在外面寻找人生的乐趣。由于中考成绩较差,对学习又不感兴趣,他父亲就要他上职高,等过两年他长大些再找个工作去上班。他今天心情不好,是因为昨天放学后和几个同学在一起玩,由于言语发生冲突,动手打了起来。

了解情况之后,我对他说:"你父母离婚不是你的错,那是大人之间的事,虽然父母离婚给你造成了伤害,父母对你照顾少了,但是你现在这么大了,应该明白对错,晓得哪些事情可以做,哪些事情不可以做,有很多父母离异的孩子依然在各方面做得都很好,你为什么不能严格要求自己呢?你父亲在外打工挣钱也挺不容易的,你也要体谅父亲的辛苦。"接着我又说:"你现在不好好学文化知识和专业技能,将来怎么能找到一个好的工作呢?又如何成家立业,照顾你的爸爸、爷爷和奶奶呢?在学校里和同学要友好相处、互帮互助，尽量不要发生冲突，更不能动手打架，对老师要尊敬、有礼貌，有问题可以和老师商量解决。"通过谈心，我帮助他改变了他过去偏激的思想，使他明白了做人的道理。这时我说："认识到自己的错误就行了，以后有什么想法可以和老师多交流，千万不要放弃自己。"

　　一次谈心并不能解决问题，在以后的日子里，我经常询问他的学习和生活情况，并经常和他的家长打电话联系，加强双方的沟通，及时掌握学生在家和学校的情况，让家长有时间和孩子多交流，了解孩子的内心世界，注意孩子的思想动态。在数学课堂上，我经常提问一些简单的问题让他回答，让他享受成功的喜悦，激发他的兴趣，树立他的信心。由于他家庭条件不太好，我用班费给他买了一些学习用品，找学校领导商量帮他减免了一些费用，又给他申请了学校帮助贫困生的"春蕾计划"，这样每年他能获得1000元的补助，解决了他的一些实际困难。有一次他在学校生病发高烧，我及时把他送到医院挂水，并帮他垫付了医药费，等一切都安排好了之后，他的家长才赶到医院，我对他们说："让孩子好好休息，好了再到学校来上课。"这些都让李同学很感动，觉得老师是真正关心他，不应该和老师对着干，也认识到今后自己要遵守学校的规章制度，认真学习，好好表现，不辜负老师对自己的希望和帮助。

　　思想上有了转变，在行动上也有了进步，我不失时机，给他创造表现机会。先让他当我的数学课代表，一开始他不愿意，说："我的成绩太差，怕其他同学笑话。"我说："成绩差不要紧，只要自己努力就行，你当了课代表问题目就比较方便，相信通过努力，你一定能够取得进步，对自己要有信心。"这时他才同意当数学课代表，在以后的数学课上，我发现他听得比以前认真，上课也开始记笔记，作业也能按时完成。到期中考试时，他数学考了63分，虽然分数不高，但比起入学成绩已经进步很多了，我在班上对他进行了表扬，肯定他的学习进步，赞扬他的课代表工作认真负责，这使他很高兴，觉得自己的努力得到了老师的肯定。课后我又和他说："半个学期以来，你在学习态度上有了明显转变，相信在其他方面也能做好,要多为班上做些事情,这样其他同学对你的评价也会改变。"于是我又让他当了班级的卫生监督员,这时他干劲更足,觉得老师这么信任自己,一定不能让老师失望。

【效果体会】

经过一年多的教育转化工作,李同学改变了以前的很多不良行为习惯,不再迷恋电脑游戏,也很少有迟到、早退、旷课、打架和骂人的现象。能尊敬老师,与同学相处较融洽,积极参加学校组织的各项活动。犯了错误能认识到错在哪儿,情绪较稳定,冲动事件逐渐减少,任性、固执的性格得以缓解,自主、自制能力增强,逆反心理在减弱。

李同学对学习目的有了明确的认识,能做到上课专心听讲、课后及时复习,学习成绩也取得了较大进步。他做卫生监督工作时认真负责,看到教室里有乱扔的废纸能主动捡起来,有垃圾能主动倒掉,值日生不在也能主动代替值日生去做。在每周一学校组织的大扫除活动中,他不怕辛苦,积极带头去干,班级也因此多次拿到了"流动红旗"。

李同学的心理状态有了很大转变,不再孤僻、自卑,对未来的人生充满了希望,已经从后进生行列中走出来了,正在逐步走向中等生的行列。在第一学期他被学校评为了"劳动积极分子",在第二学期又被学校评为了"优秀团员",这都使得他的信心大增,并以崭新的精神面貌出现在校园里,得到了同学和老师的一致好评。

【案例反思】

爱是教育力量的源泉,是教育成功的基础,亲其师,信其道。如果师生之间没有爱,学生就会无动于衷,严惩只会使学生产生抵触情绪和对抗心理,感情上相悖,怎能有好的效果呢?只有把批评建立在关爱学生的基础上,体现出对学生的期望,他们才愿意接受你的批评教育,这样才能达到良好的教育效果。对待后进生,教师要多一些关心和爱护,少一些指责和批评。正如作家冰心所说:"有了爱,便有了一切,有了爱,才有教育的先机。"

虽然后来我不再担任李同学所在班的班主任了,但他并没有忘记我,我由衷地感到欣慰。前不久我还收到他的一条短信息:"老师,我现在最想对您说两个字:谢谢!如果没有您的谆谆教导和循循善诱,没有您朴实无华的爱心与耐心,今天的我可能还沉迷于网吧,或者流浪在街头。谢谢您,老师!"看到这里,我的眼眶禁不住湿润了,同时我也感到了从未有过的幸福和快乐。

(作者单位:江苏省句容中等专业学校)

尊重的魅力

陆 薇

【案例描述】

某天早晨，我刚走进办公室，就有一位老师来告状，说班上一位女生马同学，在因为早晨打扫卫生迟了被批评时，跟老师顶嘴了，而且态度很差。我有点诧异，因为从高一开始，这位女生就在我的班上，我也因为各种原因跟她交流过，有时是批评，有时是谈心，但是每一次，她的态度都很好。于是我决定，利用午休时间跟她交流一次。

中午，马同学一进办公室就冲我笑了，说："老师，我知道你要跟我谈什么。"我不动声色地说："那你就跟老师说说看，到底是怎么回事呢？"马同学说："我知道今天是××老师值班，我已经尽量早赶到学校值日，但是还是没能在早读课之前完成劳动任务。但××老师上来就批评我们目无纪律，我一时气急就顶了几句。"了解了事情的原委，我对马同学说："几位班主任都在班上强调过，早打扫要及时，不能耽误早读课的时间。你如果真正听进去了，你就会像其他同学一样，及时完成自己的任务。而不是在想起今天是××老师值班，而××老师很严厉时才匆匆忙忙往学校赶。因为没有预留时间，所以你才会迟到，才会来不及完成任务，老师才会批评你。你想想看是这样的吗？"马同学不好意思地笑笑，说："是的。"然后我问出了心中的疑问，我说："从高一到现在，我跟你也交流过好几次，也因为你的一些毛病批评过你，即使是在我很严厉地批评你的时候，你的态度都很好，没有跟我顶过嘴，甚至都没有流露过厌烦或不满的情绪，为什么今天会有这种情况发生呢？"马同学说："老师，我知道我今天不对，再怎么样，我也不应该跟老师顶嘴。而且确实是我自己迟到了，老师才批评我的。"我问："那你为什么还要这么做呢？"马同学说："你每次批评我们都很心平气和，从来都不居高临下。而今天××老师一来，看到我劳动任务没能及时完成，上来就指责我，语气很差。我一时没忍住，才顶了两句。"至此，我终于明白了，为什么马同学会有"反常"的行为了。

【案例反思】

我从教 10 多年，在与学生打交道的过程中，从最初的懵懂、小心翼翼到现在的得心应手、渐入佳境，很大程度上都取决于我对学生的尊重。记得初入行时，资历深的老师传授班级管理经验时提到，对付学生要在一开始把他们的"头儿"拿下，让他们忌惮你，对此我一直不敢苟同。老师和学生并不是对立的两个阵营，如果学生只是"忌惮"你、"怕"你，那么你的班级管理就不能说是成功的。在处理任何学生问题时，我们都应该做到对学生有最基本的尊重，学会聆听。只有了解到学生内心的真实想法，才能从根本上解决问题。学生也是有思想的，他们的心灵很脆弱，他们需要的是别人的理解、别人的关心，更需要老师的呵护。只有当老师放下所谓的"架子"，给学生应有的尊重，并将其高尚的品德和真诚的情感付诸教育实践，才能赢得学生的信任和尊敬。在此基础上，所有的问题就都能迎刃而解了。

这件事让我又一次深刻地体会到：只有能和学生平等、和谐共处，以一颗宽容的心，带着尊重去对待班级的每一位学生，做他们的朋友，班主任工作才能从根本上做好。班主任要学会控制自己的情绪，要能包容学生的过失，这一点很重要，尤其是在学生犯错误时。日常生活中尊重学生容易，当学生犯错误时，老师易被激怒。但这实在是老师的大忌。古人曾说："人谁无过，过而能改，善莫大焉。"愤怒总是以愚蠢开始,以后悔告终,不仅达不到教育人的效果,反而会前功尽弃,令长期努力的结果付之东流。

在上面这个案例中,马同学的行为是在挑战老师的权威、表达自己的不满。我似乎完全可以火冒三丈地训斥她一番,或让她当着全班同学的面做检讨。但那样做固然解气,可是能解决她的思想问题吗?对她的个人成长有利吗?学生犯了错,他们的尊严就可以受到侵犯吗?不是的,人的尊严比金子还宝贵。因此我没有感情用事,而是冷静地处理了这件事。

对于一名教师来说,尊重学生非常重要,你尊重他们了,你也会赢得他们的尊重。"教育成功的秘诀在于尊重学生",这是千真万确的。教师工作的对象是有血、有肉、有情感的人,他们有思想、有自尊。尤其是生活在现代社会的青少年,他们思维活跃,身心发展较快,追求独立。教师绝不能以领导者自居,一味地发号施令,学生一犯错就对他们严厉呵斥,搞强权和专制,这有违于新时代教师的职业道德,有损于新时代教师的职业形象。

在处理这一案例时,如果我以老师的权威去压制她,我想结果可能会失败。所以老师在处理学生事件时,应该多一些民主作风,应该尊重学生的人格,保护他们的自尊心和自信心,以情动人,以理服人,多进行换位思考,多替学生着想,多倾听他们的心声,要真诚地做他们的朋友。我做班主任工作时,时刻提醒自己,不要成为高高在上的"司令官",要让学生感到我是他们值得信赖的大朋友。

当然要当好这个朋友,我认为还须从以下几个方面努力。

首先,班主任在教学上应勤奋钻研,有丰富的学识、良好的精神状态、完善的人格,让学生打心底里佩服你,把你看作他们信赖的朋友。

其次,班主任要把自己放在与学生平等的位置上。作为直接塑造新一代灵魂的班主任,我们应该也必须在学生年少时,便给予他们民主、平等思想的熏陶,尊重学生、爱护学生,把学生当作有自尊的人、平等的朋友来对待。如果老师总是高高在上,平时对学生指手画脚,动辄批评、训斥,学生见了老师就害怕,怎么会把老师当作知心朋友呢?

再次,班主任要关心学生的学习、生活、思想等方面,并积极帮助他们解决困难。对于学生学习中出现的问题,班主任不仅要有问必答、"百问不厌",更要主动地帮助学生分析问题出现的原因。班主任不仅要努力上好自己所任学科的每一堂课,更要关心学生的其他功课,并指导他们合理地安排学习时间、选择科学的学习方法。最易于与学生拉近距离的方法,莫过于关心他们的健康与生活了。

在全面推行素质教育的今天,班主任应营造一种新型的师生关系。新型的师生关系应该是一种平等、和谐的朋友式关系,班主任要做学生的知心朋友,不仅是优秀生的朋友,更要是后进生的朋友。只有做到这几点,班主任才能在管理班级的道路上不断进步。

(作者单位:江苏省润州中等专业学校)

吹面不寒杨柳风

欧阳晓峰

【案例描述】

中专新生入学时,有位叫灵灵的走读女生请假,她由于膝盖受过伤而不能参加军训。她的入学成绩非常不错,可以上普高却选择了中专,因此我给这位全班分数最高的女生留了学习委员的位置。然而,当军训结束正式上课时,却出现了状况。灵灵当着全班同学的面很不服气地质问我:"为什么班长必须由住校生来当,走读生却不能当?"我解释说是为了方便管理住校生。但这不能使她信服,因此,在她心里系下了一个结。

灵灵聪明活泼,不仅接受能力强,而且特别注意维持与同学之间的良好关系,这在评选优秀团员的事情上得到了反映。作为班主任,我认为学生刚进校门,只凭自己的喜好来选优秀团员难免存在偏差,因此,通过筛选,我圈定了四个女生作候选人,分别是班长、生活委员、纪律委员和学习委员。我告诉学生,优秀团员在这四个同学之内产生,然后分别与她们进行谈话。前三位同学相互谦让,而唯独灵灵则认定优秀团员应该是自己的,原因是自己成绩好,平日里又注重与同学们的交往,即人缘好,所以自己应当是优秀团员人选。

说实话,四名学生都很不错,但我心里对灵灵所谓的"人缘好"进行了深思:如果说费尽心机与同学相处好就是为了荣誉而拉选票的话,那老实本分、默默付出的同学岂不伤心? 班级管理需要给

45

予学生民主,但是,如果不是建立在公平的基础上,那么,这种民主也只是表面上的民主,对于一些不善于人际交往却吃苦耐劳的学生则是一种伤害。综合利弊,结合平时表现,我在班会课上告诉学生,优秀团员将给予为班集体付出最多的班长。话音刚落,灵灵就大叫"不公平",然后开始诉说自己从小学到中学一直都当班长,现在因为班主任对走读生的"偏见"不能当班长,自己人缘好又是老团员却连优秀团员也评不上,怎么会有这样的事情?她的情绪有些激动。我知道这时候她是听不进去任何话的,而同学们则议论纷纷。

我把灵灵叫到办公室,她依然愤愤不平,听不进一句话。眼看多说无益,只能让她下课后先回家了。但事情远远没有就此结束,此后,她经常当着同学们的面与我顶撞,且说得头头是道,大有让人下不了台的意思;除此之外,她的同桌也开始和她一唱一和,经常做些小动作,令人冒火;其他的同学也开始在灵灵说话时窃窃私语。作为班主任,真的头疼,如果处理不好,越来越多的学生将会效仿。怎样才能让她反省自己的行为呢?

【原因分析】

在学生的信息表中,我再次注视了灵灵的家庭成员,只有她和妈妈两个人,没有关于她父亲的任何信息,我忽然想起有一次她说过她的家庭情况很复杂,但不愿多说,只说她自己和妈妈生活在一起,而妈妈非常重视自己在校的一切,点点滴滴她都会很在意。因为我经常会把孩子们的表现以校信通的形式发给家长,因此,灵灵的妈妈也经常会打电话来问灵灵的情况。

由此我想,因为身世特殊,加上想好好表现给妈妈看,灵灵一直追求优异的表现。之前当了多年的"老班长",没想到现在读了职业中专,有了住校生,便与"班长"无缘了。不管她怎么想,这种"硬碰硬"的做法却是要不得的,不然,以后到哪里都要争荣誉,工作哪会做得长久呢?

【方法措施】

针对灵灵争强好胜、不服输的性格，我觉得应该让她感觉到"疼痛"，这样才能让她清醒地认识自己。于是，我狠下心来，通过校信通的形式，对于四个班委评优秀团员的事，让大家来议一议荣誉该怎样争取？

校信通刚发出，就像捅了马蜂窝，灵灵的电话立刻打了过来，尽管我做好了思想准备，但真的没有想到她的反应如此剧烈。她痛哭着，说我这个老师做错了，尽管校信通没有写名字，但同学们都知道是她，当了这些年的班长，认识她的人很多，以后传到熟识的人那里，她还有脸面吗？她妈妈又会多失望啊？

等她哭诉得差不多了，我耐心地告诉她："我没有看到过任何一个学生之前的档案，不管以前当什么、获得多少荣誉，进了中专学校就是站在同一起跑线的学生，都是从头做起。有获取荣誉孝敬妈妈的想法是好事，但要用在正途上，不是通过小的吃喝与同学搞好关系就能拉选票，而是看你为班级荣誉付出多少努力与汗水。"

渐渐地，她的声音小了下来。我对她说："请你今晚静下心来想一想，其他三位同学除了中考分数没有你突出之外，哪点比你差？她们又有哪些优点？老师为何要发校信通给全体家长？就是要警醒你，不要只看到自己的长处，也要多看看别人的优点。等你今晚好好反思后，明天我们再谈。"（事后，我也给她妈妈打了电话，做了解释，希望她能理解我的这种做法是无奈之举，是为了警醒她的孩子，也为了孩子以后的人生着想。）

第二天，我把灵灵请到办公室，耐心地举了很多事例来说明她的这种性格会给她以后的人生带来怎样的影响。这一次，她静静地听我说完了，也告诉我昨晚她真的好好反思了自己的行为，以后遇事不会做出愚蠢的行为了。

【效果体会】

灵灵的话是真心的,从那以后,她再没有和班主任对着干,遇事会主动到办公室向我报告。我怕她心里还有疙瘩,毕竟处理方法不是一般人能接受的,于是我又找她谈了几次,结果她笑着对我说:"我没有事啊,老师你别想多了。"她的这种转变让我由衷地感到高兴,但又使我的内心有点不踏实,觉得转变太快。有一次,我和同事去酒店吃饭,没想到她在里面打工(后来她告诉我,她从不用妈妈的钱,而是自己养活自己)。听其他老师说我要来,她早早地就在大厅候着,看着这个被我狠心"伤"过的女孩,我内心感慨万千,她的热情大方让我重新认识了她。

第一学期结束时,因为成绩优秀,她被评为优秀学生(着实看重的是她的自强不息),这多少弥补了她的一些缺憾。

在第二学期,我突然发现灵灵的表现有了大的转变,和之前反差太大,懒散不愿管事,虽然成绩依旧名列前茅,但已经没有了什么斗志,为了激起她的求胜欲望,我将她评为优秀学生。和她交流时,她笑着说早料到了。倒是我失落了,想着是不是逼她过狠呢?我不甘心让她这样下去。

在第三学期,我经常找她谈心,并激励她参加学校的演讲比赛,结果她得了一等奖的第一名,加上普通话获得了二等甲级证书,因此我非常高兴地在班会课上奖励了她。有同学不服气,说我对她偏心,灵灵征得我同意后,走上讲台告诉同学们,她是被班主任骂得最狠、批得最痛的人,但她也懂得了更多的东西,学会了珍惜。

在第四学期,由两个专业合成的班级分开上专业课了,鉴于她真的有能力管好班级,通过推荐加选举,灵灵终于当上了所学专业的班级的班长。我对她说,她就是这个专业的学生的"小班主任",她要安排妥当一切事务,当好这个"家"。果然,不负所望,在我每次带领另一个专业的学生外出上课时,灵灵不仅带领本专业的同学们在课堂上好好学习,还把班级事务做得井井有条,从没有让我操过心。

【案例反思】

看着越来越懂事的学生们,我的内心充满了幸福和快乐。每个学生都有自己的特点,成长的道路并不都是一帆风顺的,在某个时间段,他们或许会让你操心,但把学生当作自己的孩子去要求其积极进取,却是一个老师的良心所在,正所谓"良药苦口利于病,忠言逆耳利于行"。

在本案例中,我冒险给这个看似刚强、宁折不弯的"女汉子"以"迎面痛击",这是捏了一把汗的。但是凭着我对她性格中不服输的倔强成分及她对自己未来负责任的心理的把握,结合自己在生活中的一些相似的经验教训,我还是大胆地实施了我的想法。我相信一句话,"凤凰涅槃,浴火重生"。

一个班级就像是一个家,学生都是班主任的孩子,凭着一颗真挚的爱心,不管哪个孩子犯错,不包庇,不偏爱,不记仇,赏罚分明,言必信,行必果,正人先正己,做到公平、公开、公正,如果这样,还有什么会使学生不信服呢?

悠悠思绪中,想起一首诗:古木阴中系短篷,杖藜扶我过桥东。沾衣欲湿杏花雨,吹面不寒杨柳风。

我相信,在教育教学过程中,只要老师用爱心去浇灌学生的心灵,他们就会比杏花雨更纯净,比杨柳风更清爽!

(作者单位:江苏省句容中等专业学校)

学会控制自己的情绪

施小芳

【案例背景】

时光流逝,岁月如歌,不知不觉中我已经在教育这条路上走过了九年。这里既有成功的喜悦,也有失败的遗憾,但我最大的感受,却是充实。班级管理是一项非常琐碎的工作,它不仅需要教师有爱心、耐心与细心,更需要教师的创造精神。因为班主任是一群与心灵打交道的人,面对的是几十个活生生、充满活力的学生。有这样一件事情深深地印在我的脑海里,因为它让我认识到了班主任也有判断失误的时候,师生间的理解才是教育成功的秘诀。

【案例描述】

某天上数学课的时候,张老师给学生分发数学测验卷。张老师说:"这次的测验成绩整体来说很好,大部分同学的分数都在80分以上,也有一些同学得了100分。不过,仍然有几个同学不及格,希望他们能用功,到期末时,成绩得以改善。"王同学从张老师的手上接过他的测验卷后,便安静地返回座位。正当他把卷子翻开时,分数却被邻座的李同学偷看到了。李同学提高嗓门喊道:"王同学考了50分。"全班同学听了哄堂大笑。王同学这次只得了50分,心情本来就已经很差,听到李同学的嘲笑后,他的情绪突然失控,把李同学狠狠地推倒在地上,并且不断挥拳打他。李同学想不到王同学会有这样的反应,在完全没有心理准备的情况下,只有呼叫老师。张老师转身一看,王同学正在殴打李同学,随即大声地呵斥道:"王同学,立即停手!"这声音虽然震撼了整个班,但是却并没有令王同学停手。一直到张老师走向他们,这场殴打才告一段落。李同学除了被王同学打了十几拳之外,他所戴的眼镜也被打掉在地上摔碎了。

【方法措施】

我把王同学和李同学两人带到了办公室,先向李同学询问了整个事情的经过,在询问的过程中,我一直注意观察王同学,他既没有解释也没有反驳,还是那副满不在乎的样子(攻心为上,在他还没有意识到自己的错误之前,贸然批评可能会适得其反,首先要打开其心理缺口,让其自己认识到错误)。随后,我让李同学先回教室休息一下,然后分别打电话通知了双方家长,让双方家长来学校一趟,但我只对王同学的家长说明了情况,对李同学的家长只说有点事麻烦他们来学校一趟(对学生的教育及对某些事件的处理必须要家校配合,没有对被打学生的家长说明情况,是不想他们带着怒气来到学校,影响对事情的处理)。随即,我把王同学一个人暂时晾在一边。(对事情进行冷处理,让学生和自己的情绪都平静一下,也让自己有时间思考一下处理这件事的最好方法)

当双方家长来到学校后,我对他们说明了详细的情况,并对双方家长进行了劝解,王同学的家长同意带李同学去医院检查,并且赔偿一定的损失费与营养费,而李同学的家长也表示不再追究。(一方面要取得家长的支持,另一方面也要把事情控制住,尽量大事化小,小事化无。尤其是在打架事件中,被打一方的家长往往会为自己的孩子出头,一定要做好家长的劝说工作,得到家长的理解和支持,不把事情扩大)随后,在办公室里,我当着学生和家长的面对王同学说:"像你这样冲动,不高兴就动手打人,而且还把别人打得出血,有你这种学生在我们班里,其他同学的安全没有保障,为了其他学生的安全着想,我不可能让你再进教室,你现在去收拾书包跟你家长回去吧!"(说这种话一定要和家长事先商议好,得到家长的支持,否则很容易引起家长的误解)。王同学当然不肯去收拾书包,那我就提出由他的家长去教室收拾书包,由于事先已经沟通好,家长很配合地去把他的书包收拾好了,并提出要带学生回家教育(适当地编织谎言,有意在学生面前把事情扩大,使其认识到了事情的严重性,进一步意识到自己的错误)。这时,王同学似乎认识到了后果的严重,态度缓和了,开始主动认错。看到他的态度有转变,我说:"我今天可以原谅你,但我对班级的其他同学没法交代,你说该怎么办?"(以退为进,让学生自己处理问题)他想了一会儿,对我说:"老师,我知道我的表现不是很好,我已经认识到自己的错误了,你能不能再给我一次机会啊?"我说:"机会不是给的,而是要你自己去争取的。"然后,我就和他一起走进教室,他在全班同学面前做了很深刻的检讨,也做了保证。在他认完错后,在我的带领下,全班同学鼓起了响亮的掌声。我乘机对全班同学说:"犯了错误,改正的机会是有的,但要靠自己以勇于负责的态度去争取,而且也不会总是有这样的机会。希望其他同学能从这起事件上吸取教训,引以为戒。"

【原因分析】

在学生中间,有一些同学,因为心理还不够成熟,缺乏自我控制力,因为一点小事,就会与其他同学发生矛盾,甚至打架斗殴,严重违反校纪校规。

愤怒是一种极度的不满情绪,当一个人受到戏弄、打击、侮辱时,就会怒火心中烧。发怒,谁都会,但暴躁易怒,则是不良的性格和气质特征。暴躁易怒的人,动辄发火,从而伤身、害人、损物。这些都是缺乏自我控制能力的表现。

【案例反思】

如何控制愤怒呢？结合本案例，我给学生的建议是：

第一，有远大的学习目标。歌德说："人生最重要的是要有伟大目标及达到伟大目标的决心。"有了远大的学习目标，就容易排除不良情绪的干扰，当行则行，当止则止，提高自我控制能力。

第二，要从小事做起，从今天做起，逐步磨炼自己的意志。高尔基说："哪怕是对自己一点小小的克制也会使人变得强而有力。"一味地放纵自己，原谅、迁就自己，只能使自己在错误、缺陷、恶习的斜坡上越滑越远，最终不能自拔。

第三，改善环境，转移兴趣。自制力的缺乏也跟环境有关。当你意识到某件不好的事而又一时无法摆脱时，也可以改变一下学习环境，拓宽兴趣范围。另外，可以让家长、老师来监督一下，给自己制造一个环境压力。

第四，进行自我暗示与激励。自制力在很大程度上表现在自我暗示与激励等意念控制方面。可以在自己的房间里较醒目的位置贴上座右铭，时时警诫自己，或在周记中经常进行自我反省。

第五，坚持参加体育锻炼。经常在严寒酷暑中进行体育锻炼，培养自身的勇敢、顽强、坚韧、机智、果断等良好意志品质，有效地增强自控能力。

（作者单位：江苏省润州中等专业学校）

我的班主任工作手记

李　娟

【案例背景】

　　今年已经是我从事教师这个职业的第九个年头了。回想这几年走过的教育之路，我没有轰轰烈烈的壮举，而看似平淡的教学生活却给了我宝贵的教育经验。在这几年间，开心过，困惑过，气愤过，失望过，无奈过，酸甜苦辣种种滋味回荡在心头。如今，我的学生在我的教育下不断成长，露出满足的笑容，那一张张灿烂笑容的背后是一个个令人难忘的故事。

案例一　男孩子的眼泪

【案例描述】

　　这个学年，我担任了职高一年级 13×× 班的班主任工作。高一是非常关键的一年，学生们的思想非常活跃，如果不及时、正确地引导他们，将会对他们的学习甚至人生产生很大的影响，所以我时时关注着他们的思想动向。

　　Z 同学是我们班一名非常聪明的男生，成绩优异，平时学习也很认真，一直表现不错。他曾和我说过，他的奋斗目标是参加成人高考，拿到本科文凭，我认为像他这样的学生根本不需要老师操心，直到那一天……

　　上学期有一天放学后轮到他值日，我去班上检查，看到他正撩起袖口在扫地，猛然间我似乎看到了什么，定睛一看，发现他的左膀小臂上赫然刻着"TTILU"的字符,就在此时他似乎也觉察到了,赶紧放下袖子,继续扫地。当时,我没有立即问他怎么回事,我在思考应该怎样正确地与他交流这件事,透过那五个字母,我已经猜到了事情的大概情况。待其他同学打扫完毕之后,我叫他到办公室谈话。

到了办公室,我首先询问起最近他的学习状况,同时我也在观察着他的神情。我明显感觉到了他的紧张,我继续问他有关学习和班级的一些近况,以便他能够放松下来,这样有利于我和他进一步交流。说完这些,我用非常平缓的语气说了句:"刚刚我好像看到你手臂上有什么。"话音刚落,他眉头紧锁,不知该如何回答。等了一小会儿,我继续说:"我今天不是来批评你的,只是想和你谈谈。遇到问题,我们应该直面它,沉默解决不了任何问题。你说呢?"虽然他一直没说话,但我知道此时他一定在做着激烈的思想斗争:该不该说呢?怎么说呢?说了会是什么后果呢?怎么办呢?这时,我联想到前几天的一件事。那天他手腕处带着一条金属手链,被我发现后,我让他摘了下来。将两件事一联系,我分析出这属于青春期的典型症状:叛逆,青春期的心理冲动。

接着,我话题一转,轻声说了句:"你父亲身体不太好吧?"话音刚落,他的泪水止不住地流了下来。我这样问是有缘由的。刚接手这个班时,我通过我们学校一位老师了解到他的家庭情况:父亲患病,长期在家休养,母亲一人工作,养活全家,家里的经济条件十分不好。我想这也是他一直刻苦学习的动力之一吧!只不过,到了青春期的年纪,思想上有些波动也属正常,所以,我没有责骂他,我想他是一个十分明白事理、懂得事情轻重的孩子。我希望可以通过平等的对话,帮助他解决一些目前思想上的困惑。

他的眼泪包含着对父母的愧疚、对自己的责备,我想他应该也已经明白了他现在的首要任务是什么。我接着问道:"你妈妈在哪边上班?""大港。""每天上班多长时间?""12个小时。""你妈妈一个人上班支撑你们家真是不容易啊!你觉得你妈妈辛苦不?"他沉默了一会儿,回答道:"辛苦。""你上次买那条手链花了多少钱?"

"50块。""我想你的零用钱是你妈妈省吃俭用给你的吧！假如你把这50块钱买些书籍,岂不是更有意义?""嗯。""我希望你这两天好好思考一下你来学校的目的是什么,可千万不要浪费时间,浪费自己的青春,知道啦?"他沉默着,于是我说:"你快回家吧! 过两天再把你的想法和我说说。"

后来,我又和他交谈了几次,他逐渐地从这件事中走了出来,我又重新见到了他阳光般灿烂的笑容,他在学习上的那股干劲又回来了。

处于青春期的学生,思想还不成熟,通过这几年的工作,我明白了对待他们时,首要的是应该有爱心,还得有耐心。当他们做出一些不够理智的事情时,老师应该帮助他们分析一下。我认为绝大多数孩子是懂事理的,如果一味地批评、训斥,未必会取得好的效果。如果采取情感沟通的方式,肯定会事半功倍。

案例二 一节特殊的晚自习

【案例描述】

高一的学生开始有自己的想法,有的学生刻苦学习,成绩进步明显,有的同学越发懒惰,消极情绪越来越强烈。特别是在高一下学期,学生们的变化很大。进入下学期以来,我明显感觉到了学生的浮躁和复杂的情绪变动。开学两周以来,班上出了许多状况:学习上不认真、找别人代写作业、欺骗老师、同学对班委不信任、班委工作为难、课堂纪律下滑等。在这种情况之下,我认为非常有必要和同学进行一次深刻的思想交流,而这种交流应当是建立在平等、互相尊重的基础之上的。于是,我在第二周的周四上晚自习时和学生们进行了一次长谈。

我做班主任以来有个习惯:要求学生每周写周记。每周我都会布置一个题目,学生根据我给的题目完成周记。这学期第一周的周记题目为"我为什么来学校?"。我希望通过写这篇周记能够让学生们好好思考一下他们来学校的目的,他们应该是来学习的,不仅要学文化知识,更要学做人的道理。许多学生写的周记都非常好,所以我决定利用晚自习让这些学生读读他们的周记,谈谈他们的想法。很多时候,学生们更容易接受同龄人的想法。

上课铃响了之后,我来到教室,喊了"上课",学生们起立喊道:"老师好!"我回道:"同学们好!坐下!"然后,我说:"今天晚自习我们不学课本知识,我们谈谈心。"刚说完,学生们有点小激动。接着我请了周记写得较好的学生上讲台读了读他们的周记,和大家谈了谈他们的感想。当这几位学生读完之后,大家都陷入了沉思。或许他们在回忆自己的周记内容,想着自己来学校的主要目的;或许他们在思索着这几天班级发生的一些事情。总之,学生们已经有所触动。因此,我顺势引出了这段时间班级发生的不好状况。

首先,我说到了班规。俗话说:国有国法,家有家规。一个班级要想稳定健康地发展,必须要有符合自己实际情况的班规。于是,这学期我采取了考核量化的制度,根据学生常规的表现来加分或扣分,这样做在一定程度上约束了一些学生的不良习惯。当然,也产生了新的问题。在晚自习上,有一名学生提出了这么一个现象:当那些比较顽皮的同学犯了错误时,班委扣分毫不手软;当一些成绩较好的同学特别是女生犯了错误时,班委就为难了,有的时候睁一只眼闭一只眼。班委本应是班规的维护者,而如果他们"执法不公",作为班委的他们自然得不到同学的支持,更为严重的是班规也就形同虚设了,这样非常不利于班集体的健康发展。听到这位学生的话后,当着全班学生的面,我问班长这情况是否属实。班长说:"做班委确实很难。特别是面对一些女生时,因为女生小气,会记仇,会破坏朋友关系。"

说到"朋友"这个话题,我就和学生们分享了我对于"朋友"的理解。我说:"当你的朋友做错事情时,你应该指出他的缺点,帮助他改正,而不是不闻不问,更不应该和他一起犯错。这才是真正的朋友。大家说是不是呢?"停顿了几秒钟之后,我接着说:"作为班委,一定要有原则。对就是对,错就是错。如果班委没有了原则,那么我宁可不要班委。只要你公正地处理问题,我相信大家一定会支持你的!"班长听后点了点头。

第二件事就是我们班的 W 同学找别班的同学代写作业。事情是这样的:在前一天,英语老师发现 W 同学的作业明显不是他本人写的,经查问,果然如此。W 同学曾经有一段时间不愿来上学,后来在老师、家人的劝说下,通过自己的思考,终于回到了学校。可是回到学校的这段时间,他身上出现的问题不断。我想利用这节特殊的晚自习,对他进行思想教育,同时也是对全班同学进行教育。

联系到刚刚读的周记——《我们为什么来学校?》,我问道:"大家对于这件事怎么看?"一开始,大家沉默着,看到大家不愿主动发言,我就先请了几位同学谈谈,或许是受到了这几位同学的启发,逐渐有同学主动举手发言了。我认为这是好事,在一个班级中老师的声音当然很重要,但是如果学生们不愿意和老师交流沟通,那么这个班级是没有前途的。大家的态度也基本一致:认为他不应该这么做,完成作业是一名学生最基本的任务,如果不做作业,自己的学习得不到进步。让别人代写作业,这也是一种欺骗老师的行为。而且,那位帮他写作业的同学也不应该那样做。借此,我又提了一下刚刚说到的"朋友"的话题。晚自习的前后,我都和 W 同学单独进行了谈话。我认为一次谈话是肯定解决不了问题的,多次、长时间、不间断的双方交流才能促使学生成长。通过这几天的交流,我看到了他的进步。一直以来,我都坚信那句话:没有教不好的学生,只有不会教的老师。只要我们用对方法,付出努力,就肯定会有收获的。

晚自习上还说到了开学以来的其他一些问题,学生们也纷纷发表了自己的看法。下课时,我布置了新一周的周记题目——《一节特殊的晚自习》。第二周,当我看到学生们写的这篇周记之后,非常开心,也很感动,发现学生都愿意说真话、说心里话了,那些假大空的虚话说得少了,其中给我印象深刻的有这些:

"这整整一个半小时,老班和我们说了很多。回家后,看到了班长发的 QQ 空间的'说说':老师和学生之间关系的关键,我想那是交心。我认为她说得很对，小学时我们见到老师，都是一本正经、恭恭敬敬，然后逐渐长大，对老师提出的某些观点，明明有想法，但难言。"

"还记得刚上高一的那一个月，大家干劲十足，在那样的集体中我每天都很快乐。而现在的学习氛围让我很难受，如果再不正一正风气，我们可能就完了。我不喜欢这样的学习氛围，这样我无法学习，我不要这样，请大家改改吧！"

"通过这次的对话，老师与学生间的关系更加紧密，我也觉得老师似乎并不是那么可怕。老师也有自己的苦恼和工作，我也能较为深刻地理解老师那种教书育人的伟大精神了。同学的发言，让我也了解到了他人的想法，班长的发言让我明白了班委的难处，也让我懂得了以后要尽力配合其他班委的工作。"

可以看出，这节特殊的晚自习让学生们有了收获，我认为这比讲授课本知识更有意义。虽然大家有了一些进步，在今后的日子里，我仍然会以情来熏陶学生、以理来教育学生。我会和学生们共同成长，希望高中三年的生活留给他们的是宝贵的财富！

（作者单位：江苏省润州中等专业学校）

烫手山芋香喷喷

吴前新

【案例描述】

"祝贺你呀,吴老师!你们1319班被评为省优秀班级了!"听到这个振奋人心的好消息,我打开了手机相册,翻看着我们班在各项活动、评比中所获得的一张张奖状、证书的照片,回顾这个班级近两年来的成长历程,我真是百感交集。

2013年8月20日,我正在家过暑假,忽然接到学校学工处主任的电话,让我到学校,有要事商量。到了学校,主任说学校综合各方面的情况,决定让我担任13级19班的班主任。我说:"上一届学生刚毕业,我想调整一下,再说,分管校长也同意了。"主任说:"这样吧,明天新生就开始军训,军训也就一个星期,麻烦你克服困难,先带这几天。拜托了!"我想反正我女儿已经上大学了,事情也不多,就先带着吧。

近年来,学校招来的学生各方面的素质都不太好。当我拿到学生名单后更是傻了眼,我接到的是一个"烫手的山芋"啊!该班共有学生50人,男生49人,女生1人,其中43人住校,所学专业为机电;并且打印的名单上标注的班主任姓名并不是我,而是另一位老师,我的姓名是在划去别人的姓名后临时手写的。我才知道,我充当了替补的角色。也难怪,谁不知道这一级学生的素质差?谁不知道男生多的班级难带?谁不知道在我们学校当机电班班主任,是个吃力不讨好的差事?

短暂而漫长的七天军训终于熬过去了,正式开学时,新的班主任聘任书又发到了我的手上,领导跟我协商说:"你带班比较有经验,你自己的孩子今年正好出去上大学了,再也找不到比你更合适的人选了,你就把它担当起来吧。"想想领导说的也不是没有道理,再说这个班尽管难带,我还就不信我带不好它。

开学的头两个星期,通过观察及任课教师的反映,我对这个班的状况有了比较全面的了解,这确确实实是一个"差班",主要表现在以下方面:一是文化基础差,多名老师反映,即便是一些最基础的知识,也有很多学生不会;二是学习习惯差,课前不预习,听课不认真,课后不复习,作业书写潦草马虎,抄袭作业情况非常严重,不会学习,等等;三是行为习惯差,迟到、早退现象司空见惯,无故缺课,随意进出教室,起哄打闹情况时有发生,卫生打扫、内务整理不到位;四是思想素质差,有些同学经常故意破坏校产,浪费水电,以顶撞老师、哗众取宠为乐,不思进取,攀比、逆反心理严重;五是文明素质差,常有污言秽语,脏话连篇,见到老师不打招呼、不问好。总之,要把这个班带上路子,非常困难,要让它成为一个优秀班级更是难上加难。

【原因分析】

在这个新班级,学生来自不同的初中学校,而每所学校的管理各有特点,需要经过一段时间的磨合,学生才能融入这个集体中。每个学生又都是独立的个体,有着他们自己鲜明的个性。班里的大部分学生都是独生子女,过于娇惯自己,所受的挫折少,较固执,许多学生身上恶习较多。要想把它建成一个先进集体,必须先要建立班级的统一规矩,对学生的不良行为进行约束,还要培养学生的集体观念和团队意识,在创建的过程中要发挥榜样的示范带动作用,班主任要做好表率,率先垂范,带好头。

【方法措施】

1. 立规矩

为了使全班同学明确什么时候该做什么事、如何做事,我根据学校的相关制度及规定组织班委会起草了《1319 班班级公约(草案)》,利用班会课让全班同学进行讨论,讨论后修改,修改后再讨论,经过几次讨论修改,形成了《1319 班班级公约(试行稿)》。在试行了半学期以后再次讨论、修改、完善,形成《1319 班班级公约》。不断讨论修改的过程,既是公约完善的过程,更是学生反思学习的过程。没有规矩,不成方圆,班级公约就是我们班每名学生的行动准则,就是我们班的规矩。

2. 抓形式

没有形式,就没有内容。我主要注重抓以下几个形式:

第一,校牌佩戴。我对全班同学说,校牌是学生身份的标志,学生在校戴校牌就像医生上班穿白大褂一样,戴上校牌,它会时刻提醒你注意自己的身份,学生的一言一行都应符合学生的身份。我们班有些同学不愿戴校牌,我就向全班同学做出承诺,大家向我看齐,如果我自己不戴校牌进教室,那么我同样接受处罚。

第二,规范跑操。我们学校的课间活动是跑操,我要求学生严格做到"快、静、齐"。快速集合,跑步入场,跑的过程中严禁讲话,注意与前后左右的同学对齐,要跑到终点,要跑出男生班级的气势。每次跑操,我都会跟学生一起跑。我认为跑操是培养班级团队精神的最好方法。

第三,注重仪式。学校的仪式主要有集会和上下课两大仪式。每次学校举行重大活动和每周一的升旗仪式时,我都要求学生统一穿校服,戴好校牌。每节课都必须举行上课、下课仪式。通过各种富有教育意义的仪式,使学生内心有敬畏感。

第四,严格守时。学校的作息时间表是全校师生都必须严格遵守的。我要求学生杜绝迟到、早退、无故旷课的现象,有事非正常进出教室必须请假、登记。一些不自觉的学生,在上课时间,在教室内,他不一定学习;不在教室内,他一定不会学习。守时就是为了保证学生的学习时间。

当然,抓形式并不是目的,形式是为内容服务的。我抓形式的目的是让学生懂规矩,有效利用时间,努力学习,将来成为一个能立足社会、对社会有用的人。

3. 树典型

我们学校每月都要评选校"文明之星",我把"文明之星"的评选作为一个重要的教育契机,让准备参评的学生主动申报、公开述职,全班同学投票,选出得票最高的同学作为校"文明之星"。对被评为"文明之星"的同学颁发荣誉证书,并把证书上传到班级的 QQ 群中。对每次考试和各项活动中涌现出的先进同学也同样颁发荣誉证书,并在班级黑板报中设专门的"光荣榜"栏目。通过"文明之星"和各级各类先进同学的正能量的激励,全班绝大多数同学都能积极进取,力争上游。

4. 做表率

"其身正,不令而行,其身不正,虽令不从。"作为班主任,我时刻能以自己的行动为学生做榜样。在班级管理中,班主任的表率作用也是不可或缺的。学校对学生提出的要求,班主任应做表率,要求学生做到的,自己带头做。

【效果体会】

经过我的不懈努力,我们班在近两学年中,取得了不少成绩,主要有:在学校组织的各种比赛中多人获奖;在2014年的江苏省文明风采活动中,我们班获一等奖 1 人、二等奖 3 人、三等奖 5 人,获奖人数在全校名列第一;连续三学期被评为校"文明班级";班团支部被评为"优秀团支部";在校运动会上获班级团体总分第一名,男子项目多人获得名次;在学校的历次统考中,优秀学生人数和各学科平均分遥遥领先;最近又被推为省先进班级。

经过近两个学年的努力,我们班由一个大家都不愿接的"差班",变成了一个大家公认的优秀班级,这个谁也不愿接的"烫手山芋"竟散发出了香味,这一巨变使我深深地认识到以下几点:(1)班主任应有带好班级的责任与信心,无论带什么样的班级都应意识到自己所肩负的责任,坚定信念带好班级。(2)班主任应率先垂范,做好表率。"火车跑得快,全靠头来带",班主任能带好头,学生就会跟着走。(3)班主任要有自己的工作理念,坚持在工作中创新,创造出自己的工作特色。

(作者单位:江苏省句容中等专业学校)

心会跟爱一起走

孙　莉

【案例背景】

　　吴同学是我曾带过的一个中专班的学生。这个孩子最明显的特征就是懒散、拖沓，且屡教不改，也是常见的那种大错不犯、小错不断的学生。新生报名第一天他就迟到了，后来也几乎是日日迟到、天天上课睡觉、很少写作业，旷课、抽烟、谈恋爱、打牌……中职学生身上有的毛病他几乎一样不少。我经常找他谈话，希望他能知错改错、每天进步一点点。每次他都口头上答应，转身又一如既往，算得上是"承认错误，坚决不改"。我花在他身上的时间是花在别的学生身上的好几倍，效果却不明显。

【案例描述】

　　那是一个周四的早晨，我七点十分准时站在教室里，点名、督促学生打扫教室、交作业。七点十八分了，吴同学的座位还空着。昨天因为迟到，我才刚找他谈过，他也向我做了保证，今天却又迟到了。七点二十分学校早读铃响了，他依然没出现。在七点二十五分，正当我拿起电话走到门口准备打给他的家长时，他慢悠悠地走过来了。看到他那副无所谓的郎当样，我当即火气不打一处来！"你给我过来！昨天才找过你，你有没有记性啊？你还是个男子汉吗？你做的承诺就那么一文不值吗？你……"我向他吼着，可他却一言不发，完全一副无所谓的样子。我又狠狠地教训了他一顿，才让他回教室上课。

回到办公室，我依然很气愤，回想起吴同学在班上的一贯表现，觉得自己在他身上花的心血白费了，心中对他无比失望。其实别的老师早就劝过我，像他这样的学生，早就该给他个处分，给他些颜色瞧瞧了！以前，我一直认为，处分学生就是让其洁白的人生有了污点，所以，我从不给任何学生处分，始终认为自己可以教育好他们、可以感化他们。可从今天这件事看，单纯的口头教育真的不是万能的。"算了，认输吧，就给他个处分吧！"这样想着，我就向学生处走去。走着走着，我又有些不甘心，就这样给他个处分，也实在有些不忍心。到底该拿他怎么办才好呢？怎样才能真正触动他呢？怎样才能让他反省自身的这些不良习惯呢？

【原因分析】

重新坐回办公桌前，我认真回忆着他的点滴：他是个标准的富二代，穿着时尚，出手大方，自由散漫，对任何事情都有些无所谓，但爱好打球，外表帅气，很受女生欢迎，班里有好几个女生对他有好感。出手大方、篮球打得好使他的人缘还不错，可不强的劳动观念和淡薄的纪律观念，又让和他同组的同学有意见。

他是家里的老三，有两个姐姐，家里很宠他。父母把他送到职校来，只希望他安全地待到毕业，根本不指望他在学业上有所成就。每次请他的家长到学校，他们总是不痛不痒地说他两句，回家后依旧对他听之任之，满足他的一切要求，有时甚至还帮他说谎。

但必须承认的是，他对我还是比较尊重的，从未曾跟我大声讲话，即便心中不服气，也顶多左耳进右耳出。可我要把握住的就是他的这点尊重、这点人缘，我想我需要的是一个真正能够打动他的机会，一个走近他内心的机会。

【方法措施】

下班去签到,看到签到室的桌子上有很多未拆封的信。我突然想:为什么不给他写封信试试,也许,也许会……回到家以后,吃完饭,收拾妥当,整理了一下思绪,我便动手写信了。

吴同学:

你好!

当你打开这封信时,心里一定很惊讶,为何天天见面的我要给你写这封信呢?我甚至能想到此刻的你一定把手放在鼻子下,面带笑容、略显惊讶地读着这封信的样子。其实我有这个念头很久了,只是一直由于这样或那样的原因才拖着。

我写这封信是想和你说说心里话,也许这样交流会比面对面交流的效果要好些。对于你,我是很矛盾的。一方面我喜欢你常挂在嘴角的那一抹笑容,另一方面我又头疼于你的"屡教不改"。该拿你怎么办呢?

这段时间你身上发生了很多事,也许,夜深人静的时候,你也反思过自己,也痛恨过自己,甚至不止一次地暗下决心:这次,我真的要改了。可第二天早晨,从梦中醒来时,又将一切抛诸脑后了。

还记得我问过你:你觉得自己身上有哪些优点?你只是一味地笑,却没给我任何答案。可那天班会课上,同学们在写给你的纸条上,分明写着:有活力,爱打篮球;心地善良;活泼,阳光;豁达、大方又不失幽默;笑对人生;记忆力超好……你看看,这么多优点的你怎么会同时有那么多坏习惯呢?我在此就不一一列举了,你心里应该明白……(为了帮助吴同学了解自己,我曾在班会课上让每个同学在发下去的纸条上写上对他的看法,包括优点和缺点两部分,可以署名也可以不署名。放学后我把纸条交给他看了。原以为,他是缺点多过优点,没想到,即便是平时和他一句话不说的女生,也不认为他一无是处。)

信是周五放学前交给他的,为了让他更能体会老师的用心,我的信是手写的,并把它装在学校信封里面。接过信的那一瞬间,他的表情有些复杂。整个周末我都在想,其他招数都用过了,这招不知道会有什么样的效果。周一早晨,我来到学校,刚在办公桌前坐下,他就过来了,递给我一封折叠整齐的信,还不好意思地告诉我说:"班主任,不好意思,信是昨天晚上给您写的,家里没有信封了。"我赶忙说:"没事,没事,有这份心就可以了。""那我走了,你等我走后再看,千万别笑我。""哪能呢! 去吧。"等他一出门,我就迫不及待地把信打开了,信上的每个字都端正整齐。他对收到我的信首先表示惊讶,然后是感谢,最后是感动。在回信中他反省了自己身上存在的问题,分析了出现问题的原因,表明了要改正的决心。他还说,自己也许一时不能都改掉,还请老师和同学监督他,态度极其诚恳。看完他的回信,我笑了,这招我是用对了,他认可我了。接下来,我让他写了份自我约束书,一式两份,一份贴在教室墙上,请老师和同学监督;一份他自己留着,贴在桌子上,自己监督自己。内容无须太多,要求也不要太高,他自己可以做到就行,但要言出必行。为了督促他,我每天早晨6点钟,打电话叫醒他,再让班上住在他家附近的同学,约他一起准时来上学。上课时请他的同桌监督他,一旦他打瞌睡就提醒他,让他站起来。我还给了学习委员一个本子,每天把家庭作业要求写在本子上让他带回家。

一周过后,我看有一定的作用了,可过了个周末,他又有些偷懒了。于是我想争取他父母的支持,做到家校合作、双管齐下。周三晚上,我去他家做了次家访。家访前,我做了些准备,把他自开学来在校的表现、写的检查、没收的"玩具",以及同学们给他的评价和他给我的信也带去了。他的父母既惊于儿子的不良表现,又感谢老师和同学的关心。对他的教育也是他家长头疼的问题,所以这次看到他的信,他的家长也下决心配合老师的工作,争取更好地教育他。当然还有些他在校的"秘密"我没说,给他留了些面子,临走时,他跟我说了声"谢谢!"

接下来的日子,我对他就更上心了,每天跟他谈几分钟,了解他的思想动态,开导他。有时候是面谈,有时在 QQ 上聊。请班上的男生和他一起玩,减少他和其他班学生接触的机会。另外,利用他老喜欢练签名的特点,给了他一本字帖,让他在课上听不进课、打瞌睡的时候练字,练完以后交给我,我把我认为写得好的字圈出来,贴在班级的"我行我秀"文化角里。每周五,我把他一周的在校表现及对他的期望认真填写在《家校联系手册》里,连同一份周末活动表让他带回家给父母,周一带回。

这次他是真的下决心了,一段时间后,他真的有了变化:迟到由每天变为偶尔;上课要瞌睡的时候自己主动站起来;情绪低落的时候能主动找我聊天;起码在学校不抽烟了……于是我又调整了方法,不再每天找他,而是发现问题后,晚上在 QQ 上给他指出,提醒他注意。早晨也不再让别的同学喊他,让他自己按时上学。

现在的他阳光、自信、会关心人,虽然还没能彻底改掉某些坏习惯,至少班级里每天的德育考核表上很少有他的名字了。在上学期的学校运动会上,他一个人就为班级拿下了近 20 分,为我们班取得年级第一的好成绩立下了汗马功劳,一下子成了全班的偶像。后来班委改选,我鼓励他利用"偶像"角色,竞聘体育委员一职,最后他也以高票数拿下了这个职位。

"老班,最近怎么见你老咳嗽? 身体不舒服? 去医院看看吧!"

"老班,早,有没有垃圾要我带着去倒掉啊?"

"老班,回家的时候慢点开车,注意安全啊!"

吴同学现在每天都会用这样的方式跟我打招呼、关心我,看着他脸上洋溢的笑容,享受着我俩之间的融洽关系,我真的很感激一年前,我做的那个决定——亲手给他写了那封信。

【案例反思】

吴同学的案例告诉我,教育学生不能着急,也不能置气,只要我付出了爱,他一定可以把他的真心回报给我。叶圣陶也说过:"教育是农业不是工业。"农夫想要种好庄稼,需要不断地浇水、施肥、除草,老师教育学生也应遵循他们成长的规律,抓住时机,等待时机,而不是拔苗助长,成长需要等待,成长需要留白。老师这个职业很特殊,兼具幸福的共享性和伤害的连带性。幸福和伤害是连在一起的,不要老想在师生交往中占上风,应该牵着学生的手一起往前走。也许,吴同学身上还有这样或那样的毛病;也许,在教育他的时候还会有很多出其不意的曲解和委屈。可是,我知道,他已经认可我了,把我请进了他的心里,并让我"住"了下来。既然如此,夫复何求! 曾听有人说过:教育的回报需要时间,回报不需要你伸手去要,而是别人发自内心的牵挂。我坚信,心会跟爱一起走!

(作者单位:江苏省扬中中等专业学校)

浅谈突发事件的"立体式处理"

许杨琴

【案例背景】

记得管理学中有一个破窗理论,大致的意思是这样:一个房子如果窗户破了,没有人去修补,过不了多久,其他的窗户也会莫名其妙地被人打破;一面墙,如果出现一些涂鸦而没有被清洗掉,很快的,墙上就布满了乱七八糟、不堪入目的东西;一个很干净的地方,人们不好意思丢垃圾,但是一旦地上有垃圾出现之后,人们就会毫无顾忌地扔,丝毫不觉得羞愧。在过去几年的班主任工作中,我时刻铭记这一理论,并把这一理念渗透到我的班级管理工作中去。班主任工作千头万绪,每天都会出现许多新情况、新问题。发现问题如果不及时解决,小问题就会发展成大事故,问题也会越来越多,最后问题成灾。所以我提倡应对班级管理中的偶发事件进行"立体式处理",即以问题的解决为契机,把每一个问题的解决当作一次对学生全面教育的机会,不仅就事论事,而且能把与之相关的问题一并解决,以排除后患。

【案例描述】

上周,我正在办公室,突然接到鄂主任的电话,他告诉我我们班一名学生被另一名学生打了,现在被打的学生正在教室。一听到这个消息,我赶紧向教室走去,边走边想:学生不是在操场上体育课吗？怎么会在班上？到了教室就只看到吴同学一个人，他正捂着嘴巴在呻吟，一副很痛苦的样子。我扶着他来到我的办公室，简单地询问了当时的情况，他说刚才正准备去语文老师办公室，就莫名其妙地挨了冷同学一拳，并一口咬定是冷同学故意所为。我仔细查看了一下吴同学受伤的嘴巴，嘴角破了点皮，但因担心他牙齿受伤，我就建议他到医务室让顾医生做仔细检查。等他走后，我立刻打电话给顾医生，关照他一定要仔细帮吴同学检查，特别注意一下他的牙齿有没有损伤。因为如果牙齿损伤治疗不及时的话会留下许多后遗症，很麻烦。与此同时，我又和另一名当事人冷同学详细地核实当时的情况，以免误判。

果然冷同学显得很冤枉，说自己根本不是故意的，只是下课上完厕所急着去操场跑得快了点，跑的时候刚好手一抬，胳膊肘撞到了吴同学的脸部，自己也跟吴同学说了不是故意的，显然双方各执一词，最后通过详细调查，确认了冷同学的说法。吴同学得知了事情的真相，虽然还有点埋怨，但心中已没有了恨意。不一会儿，医务室也来了电话说吴同学并无大碍，牙齿应该也不会松动。

因为吴同学一直说牙齿疼，为了安全起见，我打电话叫来了冷同学的父亲，让他带吴同学到医院做了个检查，结果还好，牙齿没问题，医生说过两天就会好了。

【方法措施】

这件事本来是一场简单的误会，如果就事论事地处理，这样就可以画上句号了。但我转念一想，偶然中有必然，冷同学平时也比较爱在课间与同学追逐打闹，怎样才能避免今后发生类似的事情呢？虽然这次的后果不太严重，但谁说得准下次还会这样幸运呢？况且两位学生的误会还没有消除，心中各自还有点疙瘩，我应该以此为契机，对他们进行一次深刻的安全意识教育，不能轻描淡写地就让这件事过去了。

于是，我又分别找了冷同学和吴同学谈话。对于冷同学，我首先告诉他这件事他应该负全责，因为是由于他在校园奔跑造成的。况且，这也是学校明令禁止的。其次，告诉他事情可能造成的严重后果，比如造成了吴同学的痛苦和原先的误会，如果被吴同学的父母知道了，他们一定心疼，如果牙松了就该承担经济赔偿责任。再者，告诉他事情发生后，他的处理方式也有问题，不应该撇下吴同学一个人不闻不问，不应该对同学如此冷漠。冷同学解释说他本来也想留下来陪吴同学的，但因为怕上体育课迟到就一个人先走了，准备下课后再来看吴同学，他现在心里也十分自责，觉得自己应该先陪陪吴同学，再跟体育老师解释一下。我对他说我会向吴同学转告他的想法。最后，我语重心长地对冷同学说："其实吴同学对你还是挺宽容的，尽管自己承受着痛苦，但也没有过多地埋怨你、责怪你。作为无意伤害他的同学，你也应该适时地对其表示一下关心，每天询问伤口的恢复情况，并郑重向他道歉。"事后我还要求冷同学写一份反思，在周四的班会课上读一下，给全班同学以警醒。

对于吴同学，我跟他解释冷同学确实不是故意的，不要过分放在心上，话说到这，从吴同学的表情我看出他对这件事已经释然了，他还主动关照我不要告诉他的父母，怕父母担心。事后我把事情的来龙去脉跟吴同学的父母进行了简单的沟通，他们也表示了谅解。

【效果体会】

在周四的班会课上，在冷同学的反思发言结束之后，我以此事件为话题对学生展开教育，从课间安全的问题、强化时间和纪律观念的问题，再到同学之间的关心爱护问题，为学生再次敲了警钟并加以正确引导。至此，这件事情才算暂告一个段落。

事后我发现，冷同学课间再也没追逐打闹过，而且和吴同学也冰释前嫌，关系比以前融洽多了。教室里课间追逐的现象明显少了，同学们更懂得爱护自己、关心同学了，考虑问题也比以前全面很多了。

【案例反思】

　　由此我想到,班级工作无小事,班主任应通过平时的点点滴滴对学生进行教育,对一些偶发事件应由点到面,进而"立体式处理",这样才能防患于未然。否则,就会像破窗理论说的那样,学生犯错的次数会越来越多,犯错的学生也会越来越多,班级一团糟,最后导致班主任工作很被动,有时"小题大做"的"立体式处理"真的是十分必要的。

（作者单位:江苏省扬中中等专业学校）

用心浇灌

薛纪凤

【案例背景】

我是一名从事一线教学工作的普通教师,大学毕业后就走上了这三尺讲台,转眼已耕耘了 15 余载。回首这一路,有辛酸,有苦涩,但更多的是收获了快乐与幸福。记得我上学的时候,由于家庭特殊、家境困难,曾一度陷入自卑与自闭中,那时老师一句简单的问候、一个关切的眼神都能让我开心好一阵子。因此我能深刻地体会到老师在学生心中的地位与分量,也就是从那时起我萌生了一个小小的愿望:将来如果有机会做老师,一定要做一个关爱每一位学生、让每一个学生都喜欢的好老师! 也正是这个愿望支撑着我走到现在并继续走下去,我将会一直努力!

从参加工作的第一天起,我就全身心地投入到教育教学工作中,真心关爱每一位学生。爱学生是教师的天职,没有爱就没有教育。我把爱镶在举手投足间,嵌在一颦一笑中,让学生时刻感受到信任与鼓舞。我总是把学生看成自己的弟弟妹妹,不失时机地为贫困学生送一句鼓励,为自卑的学生送一份自信,为偏激的学生送一份冷静,让学生时刻沉浸在温暖中。

【案例描述】

我原先在普通中学任教,后来调到了现任学校,因此对普通中学学生与中职学生的差异深有体会。记得我刚来这个学校时,学校就让我带了个所谓的"综合高中班",之所以加个"所谓",是因为这个班有些特殊:首先是班级人数多,是同年级中最多的,有57人;其次是班级结构特别,班里几乎都是男生,可以称得上"和尚班";还有就是这个班原本是不存在的,因学生各方面条件都达不到综合高中班学生的要求,后应多数学生家长要求,学校才组建了这个综合高中班。说实话,接到学校通知时我还是心存顾忌的:首先,我刚进职校,自身各方面还不适应;其次,班上男生多,我担心自己难以驾驭他们。即便如此我还是接受了任务。为了让班级能顺利走上轨道,开学伊始,我做了各种准备:如通过一些途径了解部分学生的家庭状况与过往的学习生活情况,通过学生的自我介绍了解每位学生的个性与特长等。我发现,对于这些学生,不能"一刀切",更不能任由他们发展,因此我决定先挑几个"典型",来敲山震虎。开学第二周,机会来了:星期三下午第二节课,哲学老师来到我办公室气愤地对我说:"郭同学怎么回事? 根本不尊重老师,傲气十足,简直目中无人。"仔细问来,原来郭同学在哲学课上不时"指出"老师讲解没新意,随意发表意见,言谈间流露出一种轻视,根本没有一个学生上课时该有的态度,像是在故意为难老师似的。唉,该来的果然来了,看来只有接招了!

【方法措施】

郭同学的父母离异,他和母亲一起生活,初中时是出了名的问题学生:学习态度差,几乎不做作业,上课不是"表演"就是睡觉;言行比较随意,自律性不强,对不喜欢的同学和一些任课老师经常出言不逊,甚至有过大打出手的情况,对班集体漠不关心。

听到任课老师的"告状",说实话当时真的有把他拎过来痛斥一顿的冲动。但理智告诉我这样做非但解决不了问题,而且还会适得其反。这是我们的第一次正面"交锋",绝不能有误,否则以后的班级管理将会更困难。古书上说得好,知己知彼,方能百战不殆！我找来其他同学，了解并记录了事情的经过；然后我又通过其他途径找到了几个平时和他玩得不错的朋友，了解到他的一些优点（也是理智告诉我，再差的人也有他闪光的一面，因此我打算用情"擒"他）：郭同学动手能力挺强，喜欢打篮球，歌也唱得不错。感觉准备得差不多了，我就把他"请"来了。刚进入办公室时，他双手抱胸，昂着头，有点桀骜不驯。我呢，先装着什么事都没发生，找来板凳让他坐下，然后跟他讲起我的家庭故事，发现他的表情由"防范"转变为"松懈"，动情之处还有所动容。于是我话锋一转，谈起了他的家庭和他的母亲，此时我发现他崩溃了，一米七几的大男孩当场就失声痛哭了起来（我知道这触动到了他内心柔软的一面了）。此时我站了起来，先递给他纸巾，然后抚摸了一下他的头说："老师很能理解你现在的心情，也能理解你的想法。你呢，其实是个骨子里要强、不服输的孩子，而且有着很多优点（我——列举），可平时却总表现得那样的桀骜不驯，我知道这其实是种伪装，你是想借此掩饰自己内心的苦痛。我承认家庭的变故给你带来了不可估量的伤害，使你对外界总有戒备心理，认为自己是不幸的，别人总喜欢针对你。老师是想告诉你：每个人都有痛苦、有不幸，但更多的是幸福，就看你怎么看问题了。我们不能把痛苦当成犯错误的借口与理由，因为我们是有思想的现代文明人，应该知道什么时候该做什么事、什么场所该说什么话。这时我发现他已经彻底放下了所有包袱，于是我进入主题，把他"犯的事"以调查与核实好的形态和盘托出。他没有任何反驳，当场写下了深刻检讨。但我知道光这样还不行，任课老师那边还无法交代。于是我又说："你看这样行不行，我们算是男子汉吧，能屈能伸，敢做就敢当，犯错不可怕，可怕的是不敢承认与正视自己的错误，不如我们给哲学老师一个面子，当着全班同学的面给老师道个歉，这样既展示你的'大将'风范，让同学对你刮目相看，又能给老师个台阶下，你看怎么样？"他欣然答应了，我也松了口气。

【效果体会】

有了这样的"好开头",郭同学自此由"钉子生"华丽转身变为班级"领头羊",并成了我的左膀右臂,同时我们班也因他的变化月月被评为校文明班级。虽说是多年以前的事情,但郭同学仍和我保持着联系,他发展得真的不错。

【案例反思】

教育工作真的不容易,有效教育更是难上加难。古人云:"师者,传道授业解惑也。"现在的老师基本上都是"正规军",对于学生提出的学习方面的问题,总能较好地解"惑",可见,"业"相对好授。而对于学生的教育,尽管老师也都学过教育学和心理学,有丰富的理论知识,但由于每个学生都具有不同于其他人的特异性,绝没有一个现成的教育模式可搬。而且有许多因素影响着"道"之"传",如学生的年龄、性格、家教、修养基础,以及老师对此的把握、老师的心境、老师的教育时间和习惯等。再者,老师也无法即时得悉"惑"解得如何。可见"道"相对难"传"呀!

多年的一线教育工作经历,让我明白了这样的道理:首先教育是一门艺术,教育的每一个方面、每一门学科,都需要研究,因为"教育无小事,事事都育人"。面对教育改革的新形势,我们每个人都面临着知识更新、观念更新、工作创新的问题。我想,作为一名新时代的人民教师,我们必须实现人生的华丽转身。其次,教育是亩"良心田",我们必须用心去耕种、用心去浇灌,方能收获硕果。我是幸运的,因为我历届所带的班,在我和学生的共同努力下均取得了不错成绩;我又是幸福的,因为我是一名职业学校的班主任。

我甘于平凡,但是拒绝平庸!相信经过不懈努力,我一定会成为自己心目中的好老师!

(作者单位:江苏省扬中中等专业学校)

走进学生的心灵

严承丽

【案例背景】

案例中的学生是对口单招班的学生,所学专业为计算机,学习压力相对较大。在网络时代,部分学生迷恋网络,直接影响到他们的学习和生活状态。

【案例描述】

"不好了,王同学不见了!""他好像跟老师吵架了"在一片嘈杂声中班里炸开了锅。班长立刻来向我汇报:"老班,王同学走了。"从她着急的语气中我感觉到有不好的事情发生了,于是和她一起来到教室。大家你一言我一句,我大概听出了点端倪:王同学在计算机课上顶撞老师,和老师发生了矛盾冲突,下课后就不见踪影了。至于去哪儿了,无人知晓。

【原因分析】

我立刻在头脑中"扫描"了王同学:平时表现还说得过去,虽然文化课成绩不理想,但是计算机课是他比较喜欢的学科啊,怎么会发生这样的事情?他又去哪儿了呢?没有和我这个班主任请假就私自走了?带着心中的疑惑和同学们反映给我的情况,我找到了计算机课的任课老师。在交流之后得知王同学确实莫名地顶撞了老师，而且态度还很不好，表现得很不耐烦，老师说和平时相比太反常了，因为他对这门课还是很有兴趣的，以前在课堂上的表现也不错，今天不但不回答老师的问题还顶撞老师。

【方法措施】

虽然我也百思不得其解，但关键是得马上找到王同学。于是我发动了班委，立刻想办法，看看能否联系上他。我联系了他的家长，而他并没有回家，为了不让家长担心，我把事情的大概和家长做了沟通，并让他联系上王同学后立即打电话告诉我，先安抚王同学、了解王同学反常举止的原因后，我们再见面坐下来详谈。还好到了晚上，他父亲打来电话说王同学已经安全到家了，我沉重的一颗心终于暂时定了下来。然后我详细地向他父亲说明了王同学并没有请假就私自离校、班上同学们也都努力寻找他的情况，并且建议他一定要和王同学先沟通，了解事情的原委，明日来校后再和我详谈。次日上午，王同学和他的父母一起来到学校，只见王同学低着头来到我的办公室，看得出来他很紧张，也很害怕。虽然对于他的违纪行为我还是很生气，但是出乎他的意料，我并没有责骂他，而是先让他坐下来，然后面对面轻松地询问了昨天的一些情况，把全班同学如何找他、我们对他的关心告诉了他，这样就消除了王同学因为犯错误而害怕和恐惧的心理，使他初步意识到自己错了，不该只按照自己的冲动个性做事而没有考虑他人。接下来，我又心平气和地帮他分析其中的道理，动之以情，晓之以理："以后无论遇到什么样的问题都应该先找老师沟通解决，私自离校并不能解决问题，反而会激化矛盾，一走了之怎么能是男子汉做的事呢？要学会尊重老师，只有懂得尊重别人的人才能被人尊重。所以课堂上不要与任课老师发生冲突，有问题可以事后找老师好好沟通。因为每个老师对学生的爱都是无私的。"并让王同学相信：自己取得每一个进步时，老师会发自内心地为他高兴；当他犯错时，老师也会为他伤心、伤神、难过、生气。我的一番话再次让他意识到了自身的错误,也让他心悦诚服地承认错误,并答应改正。接着我让他先回到班上自己静一静,好好地想一想事情的前后过程、到底错在哪儿,再看一看关心他的我们这个大家庭的每一个成员。与此同时我又与他的父母进行了沟通与交流,进一步了解到他在家的表现:因为是独生子女,又是男孩子,所以家里人都很娇惯他,久而久之也养成了他任性、爱耍脾气的冲动性格。由于一直被家长溺爱,所以这次违反课堂纪律被任课老师批评了两句后就觉得受不了、自尊心受到伤害了,于是当堂与老师顶撞,下课后便任性地一走了之了。

【效果体会】

此后不久,他又主动来找我谈心,把事情的详细过程一五一十地告诉了我:原来是由于最近出现厌学情绪,周末在家又迷恋上网,与任课老师发生冲突后就一时冲动、不顾后果地私自离校了。面对王同学的真诚悔改,我和他再次推心置腹地谈了一次:"你的计算机学得好,这是大家有目共睹的,但是你要学会正确地发挥你的优势,多参加计算机比赛,提高自己的专业知识和技能。另外,上网不是一件坏事,尤其是在科技快速发展的当今社会,网络给我们提供了一个快捷的获取信息的平台,如果我们合理利用网络反而能给我们的生活带来很多便捷;反之,则会误入歧途。"之后我又给他列举了一些发生在我们身边由于迷恋网络而造成严重后果的鲜明案例,让他深受触动。通过我们两个人的一番真诚交谈,他深刻意识到了自己的冲动鲁莽,并且保证以后一定要认真改正,然后主动向计算机任课老师诚恳道了歉。我也不忘再次鼓励他:"要做行动的巨人,不要做语言的巨人、行动的矮子哦!老师相信你这个男子汉一定能说到做到的!我们大家都期待你的进步!加油!"

在我们的共同努力下,王同学端正了自己的学习态度,认真学习,并在计算机课堂上积极发言,主动参加打字比赛、电脑绘画比赛等,为班级争光的同时也提高了自己的专业课成绩,与此同时也逐渐学会了冷静对待问题、正确处理与他人的关系。

【案例反思】

王同学出走的事情给了我三点启示:

1. 教师在教育和管理学生的过程中要注意保护学生的自尊心

职校学生是从少年时期过渡到青年时期的一群有着自卑心理的人,但自尊心强、好面子,班主任若能抓住他们的这种心理特征,善用爱心、耐心和细心,也能使"黄土变成金"。我们老师在使自己的教育直达学生心灵深处的时候,也要做到著名教育家苏霍姆林斯基所说的:"在影响学生的内心世界时不应挫伤他们心灵中最敏感的一个角落——人的自尊心。"所以,班主任应正视学生的实际情况,从育人的最终目的出发,要尊重学生,确立平等的师生关系,变学生被动接受管理为主动自我管理。

2. 教师在教育和管理学生的过程中与学生产生了矛盾时要及时与学生沟通,要善于和学生交心

经历了中考失败的职校学生虽然更加叛逆,但他们内心更希望得到老师和家长的理解和认可,但有时出于自卑往往不能正确表达自己,这时作为老师和班主任的我们要多扬少抑,学会寻找他们的闪光点,拉近自己与学生之间的距离,让他们敢于表达自己,愿意与老师交流,也利于老师适时发现学生的心理活动变化,可以及时解决问题,避免造成不必要的误会或者极端行为的发生,沟通要从心开始。

3. 爱学生是教师教育和管理学生的基础

教育家卢梭说:"凡是教师缺乏爱的地方,无论学生品格还是智慧都不能充分或自由的发展。"班主任对学生的教育培养,集中体现在一个"爱"字上。对学生施之以爱,让他们感到师长的慈爱和温暖,才能消除隔膜,使他们打开心扉,表明自己的心理活动,勇

于承认错误,增强改正错误的勇气。所以班主任要熟练运用心理学知识,用爱心去开启学生的心灵之门。班主任要有一颗爱心、一颗真心,爱护学生,关心学生,用自己的人格魅力去感染学生、照亮学生,让学生成人、成才、成功!

(作者单位:江苏省句容中等专业学校)

是什么让他变化如此之大

于秉发

【案例描述】

本学期因工作需要,学校突然决定由我来担任会计电算化1015班的班主任,并嘱咐我说只要把唐同学转化好就是成功。

对于唐同学,我并不陌生,因为他全校闻名。他之所以人人皆知,主要有以下原因:

第一,外在形象比较特别。因脑瘫,腿脚不便,走路摇摆,口齿不清,说话磕巴。

第二,家境贫寒。从小父母离异,被判给父亲抚养。父亲离婚后到外地又再婚了,不能按时足额给予他法院规定的教育、生活费;母亲则不知去向。目前跟随年迈的外婆生活,大部分生活费由市妇联、法院、人大、学校等单位的一些好心人赠给。

第三,喜欢上访。据原班主任说他每学期上访10多次,或到法院追要父亲的抚养费;或到市妇联胡搅蛮缠,索要救济;或到人大诉苦,诉说其他部门的"不作为";或到教育局状告学校领导对他不重视、某某老师骂他、某某同学嘲笑他……据学校领导说,每年有关部门因协助解决他的问题要花去一万多元,而且最让人头疼的是他胡搅蛮缠、死皮赖脸。明明没有什么事,他非要赖在那里不走,明明已经在帮助他,他却感受不到。

第四,不懂感恩,极有心机。从小到大给他帮助的人很多,但他总觉得这是理所当然的。学校党支部安排党员帮扶他,他会计较帮扶党员给的钱太少、送的衣服和鞋子是旧的。原班主任赵老师在他生日时给他买了衣服、鞋子，并把自己的手机送给他，但他在班上仍不太听老师的话。生气时他会打他70多岁的外婆，骂他的父亲是条狗，恨他的伯父不肯再"借钱"给他。有一次他和同学发生纠纷，当我对他说被你扯坏衣服的同学的母亲就是对你有恩的市妇联主任时，他先是沉默了一会儿，但接下来说的话让人出乎意料："肯定是她指使她儿子报复我的，因为我经常去打扰她，她厌烦了。我要到北京去告她！"

第五，有悲观情绪，脾气古怪。如果有老师批评他或同学不愿意和他相处时，他便满怀失望，厌弃学习，想离家出走。如果遇到不顺心的事，他便会请假，说明天不来上学，要去上访。

【方法措施】

经过对唐同学的一番详细了解后，我深感转化这样的学生压力重大。我见过很多调皮捣蛋、倔强回嘴的学生，也有一些教育经验，但对于这样的学生，我该如何教呢？经过一番深思，结合原班主任管理的一些经验和教训，我觉得应该从细节入手，"严""爱"结合，从多方面、用多种方法感化他。实践证明，我的努力没有白费。

一、关爱让他感受到了温暖

苏霍姆林斯基的话一点没错，"没有爱就没有教育"，爱是开启心灵的钥匙。关爱他还是得从细节入手。

1. 生活上嘘寒问暖

就餐时，我会到食堂看看，问他有没有吃饱，喜欢吃什么菜；就寝时，我会到宿舍转转，问他衣物是否完好，帮他掖好被子保暖；离校时，我会问问他是否有钱买车票，嘱咐他注意安全。

2. 经济上给予特别援助

因他情况特殊，开学初，我便向学校提出申请，要求学校给他减免书本费。同时向食堂说明情况，争取了每月只收他半个月的伙食费的资助。班上的爱心回收塑料瓶返还款也大多给了他，我本人也经常在他困难时给他一定的资助。

3. 闲暇时进行亲切交流

我每天都要在班上或办公室里跟他聊聊,从闲聊中我知道了他恨父母的原因,从闲聊中我了解了对他有过帮助的人有哪些。通过闲聊,我告诉他"百善孝为先"的道理:父亲虽然有错,但终究是父亲,而且还给你生活费,你不应该在他的再婚婚礼上大闹,更不应该出手打你年迈的、关心你的外婆。通过闲聊,我让他回顾那些帮助过他的人,教育他要懂得感恩,因为他们没有帮助他的义务,只是有一颗善良的心。

二、表扬让他找到了自尊

因家庭特殊和身体残疾,唐同学一度悲观、失望,总觉得自己不是学习的料。如何让他增加自信心? 表扬是一剂良药。因而每当他取得一些成绩或在很细微的事情上做得好时,我都会在适当的场合"大张旗鼓"地给予表扬。当他获得了计算机一级 B 等级证书时,我说唐同学是班里同学学习的榜样;当他取得了普通话三级甲等证书时,我说他以成绩证明了自己不是残疾人;当他主动要去参加演讲比赛时,我号召全班同学为他鼓掌,并暗地里关照评委给予适当照顾;当他上课认真做笔记时,我会对某些不认真的同学说:"你们看看唐同学!";当他拾起地上的纸屑时,我更是在班会课上号召全班同学向他学习。

三、委以重任使他认识到了自身的价值

开学初,我便让唐同学担任了计算机课代表,由于我经常表扬他,他在班级中的地位也高了起来,他觉得自己还可以胜任其他工作,于是我又把小组长、纪律委员、爱心回收组长等职务交给他。他干得越来越有劲,经常在任课老师面前自豪地说:"我是班上的主要干部,身兼五职。"

四、严格要求让他懂得了自律

光有爱,不严格是不行的。由于他的身世令人同情,所有的人对他都不做要求,致使他比较自由放纵。他最大的毛病就是乱上访,甚至胡搅蛮缠。记得开学初的一个早晨,他向我请假,说人大常委会主任叫他过去,没想到他到下午都没来。后来市妇联主任打电话给我说,唐同学在妇联赖着不肯走,非要让她们帮助其索要父亲的抚养费。她们很为难,因为这不是她们管辖的事,但唐同学始终不听。你赶他出去,他就在走廊里放音乐,并大声唱歌,吵得整个办公室没法办公。在得知情况后,我立即打电话给唐同学,告知他有事回来讲,如果再不回来,就通知他外婆把他带回去,并且我们班也不要他了。到了晚上,他终于回来了,我严肃地批评了他,并晓之以理,说明法院正在帮他解决,老师也在和有关部门联系进行解决,无理取闹是不行的,会伤害许多帮助他的人。从那以后,我对他严格了请假手续:"没有你外婆、父亲的电话或法院的通知,我是不会批准请假的,有事老师帮你解决。"

【效果体会】

通过细节上的关爱,唐同学情感上有了彻底的转变,对人不再猜疑,懂得了亲情,懂得了感恩。他的外婆亲自到学校告诉我,唐同学变得懂事了,不再和她争吵,还经常对她嘘寒问暖,周末回家还帮她做家务事。开学到现在,他曾多次带一些山芋、红豆等土产品给我和赵老师。我不肯收,但他说:"你不收,就是看不起我。"没办法,我只好收下,并就势把学校发的一些水果或同事的喜糖、喜蛋回赠给他,他非常高兴。

由于班主任老师一次次的鼓励和表扬,唐同学找到了自尊,充满了自信,学习成绩也突飞猛进。在以后的许多活动中,他都积极参加,并获得了很多奖项。学期结束,他被学校评为"三创优秀学生干部"。

更难能可贵的是,唐同学不再上访。学校领导及同事都很奇怪;法院也打来电话说,这学期他们清净了许多,并且已经把他的事解决了;就连他自己也说:"老师,我以后不上访了,因为我现在有事干,很充实。"

【案例反思】

教育家陈鹤琴说过："没有教不好的学生,只有不会教的老师。"这句话虽然有些绝对,但在大多数情况下还是有道理的。唐同学的转化让我觉得,班主任如何教育好学生是值得研究的。

一、细节教育,德育教育的抓手

一个良好习惯的形成、一种美好品德的培养,绝对不是一朝一夕就能达到的;同样,一种恶劣的品性也表现在学习、生活等方方面面的细小环节中。班主任在平常的教育工作中,要能抓住学生点点滴滴的表现,关注细节进行教育,定能起到事半功倍的效果,具体表现在生活上要有细节性的关心、学习上要有细节性的指导、行为上要有细节性的纠正。只有这样,才能让学生感受到温暖、获得自信、改正缺点、成就人生。

二、"严""爱"结合,德育教育的最佳手段

著名教育家夏丏尊说:"教育不能没有情感,没有爱,就如同池塘没有水。"对于问题学生,"爱"的教育尤为重要。爱要真诚,教师对学生的爱不能表现在口头上,要有实际行动,要能让学生感受到你确确实实是在关爱他。当然,爱不是放纵,要有章、有度,要与"严"相结合,没有规矩不能成方圆。问题学生表现出的问题很多,教师一定要适时教育、严格要求,否则他们就会更加放纵,甚至违法乱纪。

三、适时表扬,德育教育的一剂良药

美国著名作家马克·吐温说:"只凭一句赞美的话,我就可以充实地活上两个月。"苏霍姆林斯基也说过:"赞美差生极其微小的进步,比嘲笑其显著的劣迹更高明。"作为老师,不要吝啬对学生的表扬,尤其对问题学生,要表扬他们的长处,及时发现他们身上的闪光点,使他们找到自信心,感受到自身的价值,从而健康地成长。

(作者单位:江苏省句容中等专业学校)

用宽容打开学生心灵的窗户

余建军

【案例背景】

学高为师,德高为范。一名光荣的人民教师不仅要具有广博的知识,更要有高尚的道德。教师该如何培养崇高的职业道德呢?古人云:"海纳百川,有容乃大。"教师首先要学会宽容。只有教师以博大的胸襟去宽容学生,鼓励学生,帮助和引领学生,点燃他们心中最神圣的希望之火,才使千千万万个学生健康快乐地成长。"宽容是花,因为它散发着教师崇高人格的芬芳;宽容非花,因为哪怕教师青春的容颜不在,教师的宽容仍将永生永世地被传诵。"

宽容是指一个人气量大,不计较或不追究他人的过失。人非圣贤,孰能无过。每个人都无法避免犯错,对别人的错误记恨在心或者追究到底,并不一定能够解决问题,甚至有可能导致情况恶化。尤其是在从事班主任工作时,我深深体会到,宽容可以唤醒和激发学生的自尊、自信和自爱,能使学生接纳你对他的关爱、理解你对他的善意,也能使他的心和你的心贴得更近。

【案例描述】

作为一名职校班主任,我经历过这样一件事:

记得我在做高二(3)班的班主任之前,我已经了解了王同学的有关情况,他经常闹事,总是给老师出难题,且爱打架骂人。我想采用三个策略,即先批评教育、写检讨,再请家长,最后送政教处,还怕制服不了他? 因此,刚开学,我就宣布了我制定的纪律和策略,并说明我还有许多对付捣蛋鬼的"绝招",对调皮的几个同学特别是王同学做了暗示,言下之意:只要你敢违反,有你好瞧!

一周过后,平安无事,纪律出奇好,可第三周却让我出乎意料了。周一,我照例依次检查数学作业,进行得很顺利,同学们完成得都很认真,这令我很感动,最后只剩下王同学。我走到他的课桌前,桌上一无所有,"请把作业拿出来!"我特别加重了"请"字的音量。他站起来,翻着白眼望着我,一字不吐。这显然出乎我的预料。我不愿在我的学生面前难堪,于是请他的同桌在他的书包里找,他却把他的同桌推到一边,把头扭向窗外,表现出一副不屑一顾的神态。果然不是一盏省油的灯! 我被他异乎寻常的举动激怒了,走到他面前,用命令的口吻让他站出来,还表示要见他家长。同学们从我充满火药味的语言里,感受到了事态的严重,教室的空气一下凝固了,几十双眼睛一齐看向王同学。

时间一秒秒地过去了,王同学仍然站在他的位置上,丝毫没有执行"命令"的打算,神情那么坦然,简直让你下不了台。我该怎么办? 迁就吗? 那这岂不等于宣布自己的懦弱无能了。或进行体罚吗? 或是将他拖出去吗? 我束手无策,看来我的"绝招"和"策略"失灵了。

【方法措施】

学生们纯真、充满希望和信赖的眼睛似乎在表示此时此刻他们不愿停下课来看老师教育学生,又好像是在恳求我:宽容这个不通情理的学生吧! 讲课吧,老师,不要再耽误我们的时间了,留到课后再处理吧! 同时我也看到几双嘲弄、幸灾乐祸的眼睛,像是在等待着观看老师的面红耳赤、局促不安和盛怒之下的难堪表情。在这充满对立、一触即发的时刻,我想了很多很多,想到了忍让,也想到了宽容。"不能克制自己的人,就像一台被损坏的机器。"被损坏的机器不等于废物吗？硬把他轰出去，虽然自己的面子好看了，但是却会造成无法弥补的损失和产生无法挽回的影响。理智最终战胜了情感，它使我毅然做出了要忍让、要宽容冷处理的决定，理由很简单：他是学生，我是老师；他是孩子，我是成人。有时，教师要用豁达感化学生，使其内疚，这比批评、训斥的作用要大得多啊！

在几分钟的沉默之后，我平静而坦然地对学生们说："王同学没有做作业，必有原因。现在我们上课。"从沉闷的氛围中解脱出来的同学们，以奔放的热情、轻松的微笑对我的决定投了赞赏的一票。教室里又像什么事也没有发生一样安静了。

课后，我又主动找王同学进行了一次推心置腹的谈话。这次他并没有像在课堂上那样和我对立。经过我的耐心开导，他情感的大门打开了，在谈话中，我才了解到他刚刚出生不久，母亲就离他而去，更让他伤心、接受不了的是父亲在前几天也刚刚去世。他一个亲人也没有了，成了孤儿，唯有疼他的爷爷奶奶和他相依为命。他不想说话，他觉得所有人都瞧不起他，他恨所有人。我的心被深深地震撼了，看着他晶莹的泪珠，一种来自父亲的本能占据了我的内心。我感到命运对他真是太不公平了，他真是个不幸的孩子。我不知道用什么话来安慰眼前这颗幼小、受伤的心灵，我更不敢体会这个受伤的孩子是如何承受着成人都难以承受的痛苦。或许，他还不懂，但他的眼里却充满了忧郁、伤心。我暗暗庆幸自己没有冲动地让他走出教室、请他家长。学生是有快乐和悲伤的，也是有自尊心的，教师的话一旦挫伤了学生的自尊心，他就很有可能和你作对。我不忍心批评我眼前这个可怜的孩子，更不敢看他那双悲伤忧郁的眼睛。

【效果体会】

事后，王同学主动向我认错、道歉，我也在班会上宣布以前的"策略""绝招"作废。后来，我在生活上关心他、在行为上引导他，他也愿意、乐意和我交谈，我鼓励他自立自强、努力学习。他一手漂亮的钢笔字使同学们羡慕不已。抓住这一亮点，我经常表扬他，他的学习兴趣更浓了。从此，无论上哪个老师的课，他都很认真，打架骂人的现象消失了，和同学之间的冲突也少了，对集体也非常关心。看到他的进步，我体会到宽容也是教育，有时甚至是很有效的教育手段。正如教育家苏霍姆林斯基所说："有时宽容引起的道德震动比惩罚更强烈。"我想，在以后的学习生活中，他会逐渐成长起来，而我也做了他最好的朋友。

【案例反思】

现在，我清楚地意识到，与其说是我的忍让、宽容使王同学获得了进步，倒不如说是他的进步鼓励了我。他使我更加深刻地认识到宽容、理解和关爱是开启学生心扉的钥匙，是沟通心灵的大桥。我相信，宽容的环境熏陶出来的学生一定会对他人、对社会也同样宽容，同样充满了爱心。宽容并不是放纵，正如苏联教育家马卡连柯所说："如果没有要求，那就不可能有教育。"在严格的要求下，教师既要有度又要宽容。在以后的工作中，我会用宽容化解不快，以理解包容伤害，做一个如水一般温柔、似山一样厚重的班主任。

（作者单位：江苏省丹阳中等专业学校）

正视且珍视孩子的"瑕疵"

金成香

【案例描述】

每一位学生都是一块未经雕琢的璞玉,在他们成为美玉的道路上充满了坎坷;每一位老师都是孩子成长道路上的指路者和见证者。在中等职业教育的道路上,学生的坎坷更多,教师的责任和爱心也就更弥足珍贵。

教育家苏霍姆林斯基相信一切孩子都能被教育好。他的思想里没有"差生"的概念,只存在"困难学生"或"难教育学生"的说法。我也相信一切孩子都能被雕琢成美玉。

小民,是我班里的一位男生,平时十分顽皮,学习也很不用功,经常上课不认真听讲、捣乱。在一次月考中,小民考出了六门功课都不及格的低分。进入高二年级,我对学生的成绩越来越看重,每一次考试结果出来都要给学生做好成绩统计工作,除了做相应的教学调整外,最不能被忘记的是鼓励或批评那些考试成绩不理想的同学。小民的这次考试分数使我十分恼怒,我大声训斥了他,特别期望他能够在我的盛怒下吸取教训。事后借着上课提问的时机,我又对他没有回答问题的情况做了批评。

一天,外面下着倾盆大雨,教室外格外冷清,教室里传来课间学生们热闹的笑声。我推门进去,同学都在愉快地玩耍,唯独小民没有参加,他一个人坐在教室的角落里,默无声息。要知道,他可是下课最爱玩的那一位啊!又过了一些日子,他的话变少了,也不那么调皮了。我诧异我的教育效果是如此的"好",心终于安稳下来了。

可是不愉快的事件在几周之后的一天发生了。这天放学后,我因事未了,还留在教室里,小民也在这里,他准备把作业做完回家。当发现教室里只有老师和他两人时,他便觉得很窘迫,急忙准备回家。我没有注意到这种情况,无意中问小民晚上回家吃什么,这时他的表情迅速变化,先苦笑了一下,接着眼泪流了下来,随后在我面前跑着回家了……

【原因分析】

小民一定有什么难言之隐,我通过他过去的老师和同学间接地了解了小民的家庭状况。小民家境贫寒,母亲为了赚钱养家打双份工,他每天回家都要做很多事情,还要自己煮饭、洗衣,然而我当初不明就里也没有去了解。我的责罚对孩子的内心是多大的伤害啊!受到老师的责罚与批评,他是多么难受!老师上课有意或无意的批评对孩子是多大的伤害啊!我的简单粗暴的做法伤了孩子的自尊,不去了解孩子考试退步的背后故事,仅仅看重孩子的成绩的做法是多么的愚蠢啊!

要想教育好一个学生,必须走近他的心灵,出自内心地去帮助他。我偷偷地和他母亲约好,在她母亲工作的地方做一次不是家访的家访。根据家访,我了解到小民是个非常不幸的孩子,他的父亲嗜酒爱赌,基本不管他,家里的生活全靠他的母亲,而他的母亲身体不好,又长年为了生计到处奔波。小民经常一个人在家,没有饭吃那还是小事,不因父亲喝醉而跪地上挨打就是非常幸运了。长期独处和缺乏家庭父母的关爱,小民成长到如今这样已经很不容易了。洗衣做饭花去小民很多时间,加上缺乏自信和自觉,这段时间小民的母亲身体又不太好,他回去之后连学习的时间都没有,难怪他近期的学习成绩下降得如此之快!

【方法措施】

针对小民因家庭原因造成学习后退的情况，我觉得应该让他意识到"知识改变命运"的真理。小民语言表达能力较差，写作业马虎，上课注意力不集中，课后不肯用功，这是他学习中最大的问题，而在所学的六门功课中，他的数学成绩是相对较好的。我单独找他来我的办公室和他谈心，谈他的家庭、他的生活、他的理想、他的母亲。他能听懂老师对他的关心，也从心里认识到母亲的辛劳只是为了他能有更好的条件去学习。在后来的学习中，他在课堂上更自信了些，写作业也认真多了。

针对他语言表达能力差的情况，我特地在早读课开始之前安排了五分钟的自我展示活动，每个同学都有机会上台表演，或朗读，或自我介绍。从眼睛不知往哪里看、手也不知往哪里放的局促紧张，到坦然从容地表达自己，小民只做了两次展示就做到了。他变得自信活泼了，脸上的笑容也多了。

【效果体会】

这件事对我的触动很大，每一个学生都希望自己是品学兼优的好孩子，然而每一个孩子都有各自不同的家庭背景、个性、习惯，他们的成长过程中有磕磕绊绊在所难免，你不能要求他们完美无缺，但是你要正视他们的"瑕疵"。

教育家苏霍姆林斯基在教育学生过程中，善于因势利导，进行积极的鼓励，激发学生心灵的火花。人们把这称为"特殊奖励"。有"瑕疵"的孩子很多很多，所以在教育的过程中切忌鲁莽，要走进孩子的心灵，正视他的"瑕疵"，珍视他的"瑕疵"，给孩子以关爱，给他成长的翅膀。

从那以后小民上课注意力集中的时间长了，也不故意捣乱了，每天都能认真完成作业，甚至帮老师收作业本。他是一个勇敢坚强的孩子。当家里或者写作业有困难时,他都能主动找我聊一聊,找寻解决问题的方法,排解内心的愁苦。有一个周末,他找我聊天,我说来我家吃饭吧,他说妈妈去上班了,虽然不能为他煮饭但为他准备了饺子,很不错呢。后来他还说了一句:"我已经吃了一个星期的饺子了。"我潸然泪下,这孩子吃了一个星期的速冻饺子却没有怨言,依然乐观地面对生活。对于有这样的学生,我应该感到欣慰!难道能因为他的一次成绩全部不及格就认为他是一块顽石吗?

小民知道我是从内心里关爱他,也很快接纳了我这个班主任,明白了学习的重要性。那一次的成绩从此成了历史最低分,也仅仅是美玉上的一点点瑕疵。

每个孩子都是一块未经雕琢的璞玉,即使有所瑕疵,亦足够美丽。但在他们成长的道路上,我们不应要求他们完美无瑕,你要知道,瑕不掩瑜。正视孩子身上的"瑕疵",珍视孩子身上的"瑕疵",给予孩子成长的机会,给他翅膀,让他展翅高飞!

(作者单位:江苏省扬中中等专业学校)

在认识中健康成长

朱国平

【案例背景】

如今的中职学生，大多数都是独生子女，父母对他们比较娇惯，其中有些学生的家庭比较特殊，或是单亲家庭，或是重组家庭，在家里没人管。问题学生大部分都是来自于问题家庭，这对我们的教育工作是个很大的挑战，特别是对于班主任老师。班上的学生不可能不犯错，犯了错该怎么办呢？不罚吧，那些没犯过错的学生会有意见，罚吧，又怕被罚学生心理承受不了，影响他们今后的学习和生活。如果对有的学生教育不当，甚至会让他们产生厌学情绪，使他们选择退学。通过多年的实践，我认为教育学生的方式与方法相当重要。

【案例描述】

2013年9月，我开始接手计算机专业的高二班级。开始时我和学生们相互不了解，有一段时间，只有极个别同学迟到，我还是比较仁慈，只教育了一下迟到的学生，让其今后不要迟到。后来不知什么原因，迟到的学生越来越多，有的就踩着铃声进教室，有的说公交车早班迟了，有的说未听到起床的闹钟，有的说电动车没电了等，班级学生迟到现象比较严重。我发现光靠说教已经难以起效果，后来加上一定的惩罚也效果不明显。有的甚至说你惩罚我就是希望我不要上学了,这让我有些哭笑不得。

　　班里有一个宗同学,比较懒散,成绩差,爱惹是生非,迟到、上课睡觉、顶撞老师等不良现象时有发生。我多次对他进行批评教育,但他总是当时认错态度端正,一转眼又我行我素。一次他上课与老师顶撞,班长来找我,我郑重地把宗同学叫到办公室,让他在办公室冷静了二十分钟,我拿出他开学以来所有违纪情况的清单,这些违纪行为就足够开除他了。

【方法措施】

　　我反思了我的做法,并且在课余时间与学生交流谈心,听听学生的想法,让学生共同出谋划策。学生迟到是因为态度上不重视,原先七点二十分上课都能确保不迟到,现在七点三十五分上课还迟到。其他同学都觉得宗同学其实是非常聪明的,也非常讲义气,成绩不能说明他的学习能力。这些引发了我的思考:怎样才能让他们转变观念呢? 我也及时改变了做法,让迟到的学生用笔写下迟到的事情经过,并问他们为什么迟到? 让其换位思考:如果你是老师,看到学生迟到,你有什么想法? 你认为怎样可以避免学生迟到? 如果学生迟到了你怎样有效地去处理? 责令迟到学生写迟到的事情经过及认识,不是让他们做检讨,而是要求学生描绘出自己迟到前、迟到时、迟到后的三种心理活动。为了起到教育作用,我要求他们至少写 500 字。经常迟到的学生只有那么几个,通过让他们描写自己的心理活动、自己采取怎样的措施做到不迟到,以及对于这次迟到将怎样惩罚自己,让他们认识到做错事是要付出代价的。

　　对于宗同学,在我拿出他每次违纪后他所写的认识后,他顿时清醒了许多,低头不语,等待我狂风暴雨般的批评。可是,我只是问他:"你为什么会来我们学校学习计算机专业?"他有些不解地望着我,说:"因为我游戏玩得好,妈妈说让我选专业,我就选了计算机,平时家里的计算机有点毛病都是我自己修的。"他说这话时眼睛亮亮的,表情有些得意。我看到了希望,他对专业还是有兴趣的,于是我给他布置了一个作业,回答三个问题:"你的目标是什么?""你如何达到它?""你尽力了吗?"让他第二天写好答案交给我。出乎我意料,平时很少交作业的他,第二天交给我的文章足有900字,其中详细写出了他的目标是自己办个网店,要达到这个目标首先要学好计算机基础知识、网页制作等专业基础课,也非常深刻地检讨了自己在学校的表现,如上课迟到、睡觉,课堂上不尊重老师,他认识到了不应该浪费时间。我不失时机地充分肯定了他的理想,并鼓励他:每一个伟大的理想,都需要在不断的努力中变为现实。此后的几天他在课堂上的违纪行为明显减少,上课变得比较专心,我又不失时机地在班上表扬他,并经常借一些专业书籍给他,要求他必须在规定时间读完,鼓励他积极参加学校的技能小组和志愿者活动,以培养、提高自己的技能。

【效果体会】

通过这些措施,学生们基本能控制自己的行为了,也认识到迟到的后果其实是很严重的:迟到不仅是自己的失信,更容易使自己不求上进。他们开始知道为什么不能迟到,知道怎样做才能保证不迟到,后来迟到现象就不复存在了。让其他同学也能得到警戒,还教会了他们怎样做人,我要求写认识的目的也就达到了。

而对于迷失学习方向的宗同学,我用以下三个问题来引导他:"你的目标是什么?""你如何达到它?""你尽力了吗?"从前干什么事情都十分懒散的他,现在经常能在课余时间阅读专业书籍,专业成绩也提高得很快,一学期下来,专业成绩在班级名列前茅。当然这期间也出现了几次问题,每当他对自己没有信心、放松自我要求时,我就会让他拿出自己的写的那篇文章大声朗读。现在的他已经成为我们班专业成绩最好的学生,同学们有什么问题总爱问他,他的违纪行为也逐渐地消失了,也带动了周围同学的学习。

【案例反思】

教育学生首先要让他们有正确的是非观,一定要引导他们明确学习目标,形成言行要一致的观念,让学生深刻地知道行动是实现目标的最好方式。

思想是行动的指南针,对学生共同存在的思想问题,利用班会组织讨论、引导辩论,全面提高认识;对于个别学生的个别顽固性思想误区,则宜采取个别交流的方式,晓之以理,动之以情,明确是非,导之以行。在和学生交谈中,真诚地向学生讨教,体会他们的内心感受,尝试在心灵上与他们走得更近,把他们当朋友。于是我找到了答案:他们需要的是一个平时温和但该严厉时严厉,而不是一个始终都和气或严厉的老师;在运用教育理论时,一定要因材施教,不可盲目照搬经验。学生虽然容易犯这样或那样的错误,但如果让他们学会思考,学会换位思考,学会三思而后行,就会事半功倍,就能使他们健康成长!

(作者单位:江苏省润州中等专业学校)

让每一个学生在关爱中成长

朱君明

【案例背景】

学生进入高中以后,身心迅速发展,但他们的自立心理、逆反心理仍在增强,在情感上处于由不成熟到成熟的过渡期。他们总觉得自己是大人了,力求摆脱对老师、家长的依赖。老师和家长在他们心目中的权威渐渐弱化。他们不再以老师为中心,不再对老师的命令绝对服从,看待问题时有了自己的想法,并且在一定程度上具有以我为中心的意识,他们中很多人经常表现出情绪不稳定、多变、不易被控制的趋势,可以说是对他们用尽各种招式都无济于事。他们真的有点软硬不吃,会渐渐疏远老师,封闭内心。与一般普高学生相比,职校生在内心深处或多或少有一丝自卑心理(职校生大多为中考未能升入重点普通高中的初中毕业生),所以说,职校生的心理是敏感的、复杂的、特殊的,这给班主任工作带来一定的难度。

为了更好地管理班级,更好地与学生交流沟通,结合自己的学习与成长经历、职校生的心理特征及多年班主任工作实践,我总结了一些方法与措施,并且取得了一定的成效。以我班上的一位学生为例,介绍一下我有关励志教育的心得。

【案例描述】

金同学性格古怪、思维活跃,有点小聪明,但无心向学,做事无持续性,自我约束力差,课下不爱说话,课堂上经常开小差,成绩不理想。而且他做什么事都一意孤行,不听老师的任何意见。他不怕父母,他的家长也拿他没办法。在去年上半学期,一开始我说什么话,他都置若罔闻,上课从不认真听讲,任课老师因为他没少生气,甚至上我这个班主任的课,他都不好好听讲,为此我也曾大动肝火,当着全班同学的面训斥他甚至请其家长来,让他写检查等。表面上他暂时有所改正,实际上他依然"我行我素"。我想如果任其所为,那么他将会为班级树立一个不好的典型,带坏班风。

【原因分析】

针对金同学的情况,我进行了反思,努力寻找他身上存在这些问题的原因。他存在的问题主要包括三个方面:一是纪律意识不强。上课注意力不太集中,经常开小差,还与其他同学讲话(晚自习尤为严重),无法约束自己。二是学习成绩差。没有明确的学习目的,缺乏动机。没有正确的学习方法,平时不注重学习成绩。喜欢玩电玩、看小说,与其他班级的学生交往过密。不能及时、独立完成作业,甚至根本不做作业。三是对其进行说服教育奏效的持续时间短。接受教育后的几天表现良好,再过几天后又回到了起点。据家长反映,他吃软不吃硬,家长也拿他没办法。

通过分析,我认为引起该学生教育困难的原因有:

(1)家庭因素:他父母的教育方式、方法存在一定问题。一开始父母对孩子的期望值过高,对其学习还比较重视,但耐心程度不够,看到孩子作业出错、学习不理想时,就经常发火,大声训斥孩子。时间久了,孩子比较任性,有反叛心理,听到训斥就使性子,觉得烦躁,致使孩子丧失了学习兴趣,出现做作业拖沓现象。

(2)心理因素:他的学习目的不明确,缺乏动机,把学生时代当作是等待成长、混日子的阶段。没有正确的学习方法、正确的人生观,自以为自己是差生,放低对自己的要求。

(3)环境因素:他比较任性,在家中不如意就耍脾气,甚至有离家出走行为,使父母感到束手无策。其母亲认为孩子吃软不吃硬,便放纵和偏袒孩子,使孩子从小时候起就养成蛮横、任性的性格。后来他母亲觉得孩子坏习惯养成后再实施强硬政策已不奏效,反而会促使孩子产生反叛心理。久而久之,她对孩子的固执、任性也无计可施。

【方法措施】

首先,了解金同学的成长经历,真情投入,让他感受别样的爱。在一次与其谈心的过程中,他无意中流露出这样的思想,他认为一直以来,不管他怎样做,所有的老师甚至家长都会觉得他的表现不如别人,老师也从来没有正眼瞧过他,他不过是一个反面教材,可能他自己真的不如别人,所以只要可以拿一个毕业证就可以了。这无意识的一句话,流露出他认为自己不如别人的悲观情绪,反映出了他的自卑;另外,也说明他有想好好表现的愿望。可是愿望归愿望,实际上他身上的这种散漫的习气,不是一下就能改变的,这时候作为班主任,我一定要为他创造表现的机会,让他重拾信心。

其次,扬长避短,适时鼓励,增强他的自信心。金同学爱干净,我每次去学生宿舍,看到他的被子都是叠得方方正正,床下的鞋子摆得整整齐齐,因为这点我鼓励他担当起室长职务,并适时对他进行表扬,并让他在全班同学面前演示如何将被子叠成"豆腐块"、怎样摆放宿舍物品,让他有更多的成就感、荣誉感。后来,他们宿舍在学校文明宿舍评比中取得二等奖。通过管理宿舍,培养了他良好的生活习惯和关心班集体的责任心。

再者,委以重任,给予信任。在他取得一定成绩后,我利用一次班会课,对班上的学生说:"这次,我对于班干部的委任有个新尝试,不知道会不会得到大家的支持?"所有的学生都很好奇,嚷嚷着要我立刻宣布我的新想法(当然也包括金同学)。当我在班上宣布我要让金同学当劳动委员时,班上立刻安静了下来,大家都百思不得其解地望着我。记得当时,我在班上没有过多地解释,只说:"我相信金同学不会辜负我的信任的,也希望大家相信我的眼光。"虽然大家当时没说什么,但肯定是有疑问的。虽然他这样的学生一时也难以在同学中树立威信、调动起大家的干劲,也没有做班干部的经历和经验,但是他想做好。在试用期间,我多次看到课后班上的同学劳动时他也在教室,当时我以为他是有事才逗留的,但渐渐地我发现原来他是等他们做完了之后自己检查一遍再离开。在接下来的班干部改选中,我抓住这件事,讲了他在班级工作中如何尽心尽责,为他在班级中树立威信,让同学们认可他做劳动委员。我还时时督促他,三番五次地做他的思想工作,循循善诱,因势利导,对他的学习和与父母相处进行帮助和指导。

【效果体会】

经过一学期的努力,他渐渐在集体中找到自己的位置,同学们看他的眼光也不同了,由原来的不屑变为了钦佩。由此,他自己也是信心大增,有了把班级卫生工作做得更好的愿望,也不断培养自己的责任心和提高工作能力。同时他在行为规范方面开始逐步严格要求自己,而且对老师承诺过的事情,也能完成了。他自己也在一片鼓励声中,开始要求上进,工作也大胆、自信起来,学习也有了动力,成绩不断提高,从原来的班级倒数一下子进入前十名。学期结束,他被评为优秀学生干部。寒假里,他的家长特意给我打来电话,说他简直变了一个人,在家与父母主动沟通,打游戏的时间也明显少了,近半学期以来,还每周周末挤用一天时间去父母工作的大理石工地打工,以赚取一周的生活费用。父母看到儿子变化这么大,想多给些生活费,他竟然不要,说自己也长大了,能够体会到父母工作的辛苦,也要凭自己的劳动减轻父母的负担。

【案例反思】

美国心理学家马斯洛曾把"尊重的需要"作为人的最基本的需

要之一。他指出："自尊需要一旦受挫,就将使人产生自卑、软弱、无能的感受,使人失去信心,无所作为。只有自尊需要得到满足,才能产生最旺盛的创造力,实现自我,获得成功。"

美国心理学家威廉·詹姆斯研究发现人类本性中最深刻的渴求就是受到赞美。赞美是成长中的学生的心理需要。教育家苏霍姆林斯基也说过："只有集体和教师首先看到学生优点的地方,学生才能产生上进心。"毕竟学生处于成长期,有着可塑性,我相信只要在他们身上找到解决问题的突破口,就会让事物向好的方面转变。

班主任要花很大精力去教育一些有成长困难或在人格方面有某些缺损的学生。对于有成长困难的学生,尤其行为规范表现不佳的学生,单纯地说教或用行规条例约束,很多时候会显出教育的苍白和教育者的无奈,因为这些不能起到内化的作用。要调动学生的积极性,就要善于发现学生身上的闪光点,激发其内在的热情,点燃其心中的明灯。金同学为什么会有那么大的变化呢?用他自己的话说就是:"我没有想到班主任会相信我这样一个'劣迹斑斑'的学生,没有嫌弃我,从来没有要放弃我,让我第一次感受到自己也是有价值的,所以我一定要证明给她看。"结果他真的证明给了所有人看:他也行的!

看着金同学一天天的改变,我心中也感慨万千。也许,一张污浊的废纸可以被捡起来,丢进垃圾桶,弃之。可是,对人不能这样做。不管这个学生有多少缺点,我们班主任都要满腔热情地关注他,并且让他感受到班主任老师对每个学生的那份平等的爱,这种爱是广博的、无私的,它不分地位高低、贫穷贵贱,它需要教师具有"一个也不能少"的胸襟。就像对于金同学,改变他的道路是艰难的,因为不良习惯一旦养成,不是一两天就能被改变的。他随时会遇到困难,会表现出不稳定,但他也随时有变化的可能。但这样的学生更希望得到老师的认可,更渴望得到表扬,认可和表扬会激发学生强大的向上动力,增强其自信心。我要帮助他更好地发展,帮助他把握人生的关键日期,绝不能在这时放弃他。作为班主任,我们应该关爱每一个学生:对于那些成绩优秀的学生,我们要爱得理智和宽广,激发他们的潜能,促使他们超越自我;对于学业遇到困难的学生,我们要爱得细腻和真挚,发现他们的困难,真心地帮助他们。在职业学校,对于更多的需要特殊帮助的问题学生(他们或思想幼稚,偏激,行为偏离正确轨道;或颓废,沮丧,缺乏理想;或不爱学习,沉溺于游戏),我们更加不能放弃对他们的教育,要想法设法重塑他们的生活信念,要理解和宽容,发现他们的优点,鼓励他们走向未来。努力让每个学生身上的闪光点发亮,照亮他们的人生轨迹。所以说师爱是包容——"一个也不能少"。班主任唯有无私、真诚地付出,班集体这棵大树才能枝繁叶茂、茁壮成长。

(作者单位:江苏省丹阳中等专业学校)

你是我的骄傲

朱　强

【案例描述】

　　我在无意中发现了一个秘密：班上部分男生故意在课桌上放一大摞书，然后在书后面放一面镜子，时不时地照一照镜子，而且不管是上课还是下课。这本身也无可厚非，爱美之心，人皆有之。但不分时间，不分场合，肯定不行。这当中有一个代表——景同学，几乎一提起他，所有的老师和同学眼前都立刻浮现出这么一个形象——一个特别爱照镜子、令人头疼的男生。他聪明，思维活跃，为人随和，活泼开朗，与同学关系融洽，有时能虚心听取师长教诲，积极参加各项集体活动。生活中的他无忧无虑，是个快乐可爱的小男孩。遇到老师很远就大声喊"老师好"；喜欢表现，常常当着老师的面做好事；经常犯些小错误，虚心接受批评，但坚决不改；学习不认真，利用各种时间玩手机、玩游戏、执迷于养 QQ 宠物；喜欢吃上火的零食，闹得满脸"青春标志"，胃肠也因此发炎；在校表现不太好，被家长知道，得知家长伤心难过，自己内疚得哭出来。最经典的当然还是，喜欢到可以"冒着生命危险照镜子"。他具备了青春期男孩的许多心理特征，让你觉得可气又可爱，但某些言行举止仍处在"幼儿园"阶段，孩子气太重，又让你觉得他老是长不大。

　　景同学身上存在很多问题，上课照镜子尤其让任课老师头疼，任课老师多次找他谈话，效果甚微，可谓屡教不改。终于反映到我这儿，于是我默默观察，尤其是在其他老师上课时，我悄悄站在窗边,有些同学看到我立刻警觉起来,不再做与上课无关的事,可是他仍然把镜子藏在一摞书后面自我欣赏。于是我把他找到办公室,就以上的情况对他进行批评,可是他不以为然,咧着嘴对我笑,让我哭笑不得。我苦口婆心地讲了一堆大道理,他也连连点头,承认错误,说下次不做了,我以为他是"良心发现,改过自新"了,就让他回教室。可是,当我不经意从教室门口路过时,发现他又换了种方式在那自我欣赏。当时我就想,这件事如果处理不好,会有越来越多的学生不把老师的话当回事,会有越来越多的学生将会效仿景同学的行为。怎样才能让景同学反省自己的行为呢?

【原因分析】

在班级中,景同学的例子很典型。究其原因,一是这一届的学生男女比率明显失调,学生素质本就参差不齐。据了解,景同学在初中期间就结识了社会上一些不三不四的人,在这些人的影响下,沾染上了一些歪风邪气,人也变得圆滑起来。

其次,据他母亲说,景同学在单亲家庭长大。由于他母亲要赚钱养家,工作繁忙,所以对景同学疏于管教,早在读小学时,他就开始上网玩游戏,从此一发不可收拾,初中时常常从网吧里被揪回家。到网吧上网受限制,他就用母亲买给他的手机玩游戏、上 QQ 等,他母亲虽苦口婆心劝诫但收效甚微。进入中专学校后,学校明确规定不准玩手机,于是他就找到新的消遣方式——照镜子。

【方法措施】

在对景同学的教育中,我注意从实际情况出发,对症下药。

首先,他在单亲家庭长大,缺少关爱,于是我处处留心,寻找机会让他体会到学校和班集体的温暖,比如,让全班同学给他过生日等。景同学顽皮贪玩,我在肯定其优点的基础上,帮助他一一找出自己的毛病,要求他应遵守纪律,改正错误,端正学习态度。在严格要求的同时,又热情地关心他,在各种集体活动及日常表现中注意发现、捕捉他的长处或闪光点,及时予以鼓励或表扬,增强他的自尊心和自信心,上课时注意他是否认真听讲,课后和他多接触、多交流,建立师生感情。这样他就愿意接近老师,也愿意听老师的话,在各方面都有所改善。

其次,针对他上课玩手机的情况,我主动和他的家长取得联系,向他们明确了自己的看法和学校不允许学生带手机进校园的要求,与他们商量解决问题的办法。他们当场表示会配合老师的工作,尽力督促孩子,要求景同学学习时间不使用手机。谁知上有政策,下有对策,景同学减少了在班级使用手机的频率,改为在宿舍玩。屡禁难止后,我再次与家长取得联系,这次家长坚决没收了景同学的手机,不让他带到学校来。但景同学就向班级其他同学借。发现这种情况,我就把手机没收,对景同学进行教育,也教育把手机借给他的同学。渐渐地,班里的同学不再把手机借给景同学,他就向其他班的同学借。在同事的配合下,其他班的同学也不再把手机借给他。通过这样持续的努力、教师和家长的密切配合,降低了景同学使用手机的频率。

第三,这个长了一脸青春痘,特别爱照镜子的男生,几乎每节课,都要照镜子,任课老师已经没收了他好几个镜子,每次他都很虚心地接受批评教育,但老师一把镜子还给他,没过几分钟,又发现他在照镜子。我告诉他,因为他喜欢吃零食容易上火,照镜子时又挤压青春痘,所以很难抑制青春痘的生长趋势,建议他科学养生,少吃零食,控制照镜子的频率。道理他能明白,但坚决不改,后来我就不再把没收的镜子还他。有一天,他竟拿了一小条破得不像样的一厘米见宽的镜片端详着自己。我跟他开玩笑说,不要"冒着生命危险照镜子",要注意安全。结果他马上顺着竿儿爬,缠着我把镜子还他,因为其中有几个是班上其他同学的,他们向他催讨了好多次。真是让人哭笑不得……

【效果体会】

日子就在这样一次次的照镜子、一次次的收镜子、一次次的讨镜子和一次次的还镜子中过去。不经意间，景同学和班里的许多其他同学一样，知道犯了错误后应该改正错误，逐渐减少犯错误的次数，也逐渐把心思放在学习上，逐渐学会更理性地思考如何度过自己的高中三年。

一学年下来，在老师的教育中，景同学和班里的许多其他同学都已经有了很明显的进步。尽管他们身上还存在许多小毛病，但我相信，在老师和家长的共同配合教育下，这些男孩们会更懂事、更成熟的。

【案例反思】

在后进生转化工作中，班主任的教育方法不能一成不变，要因人而异，因时而异，结合多种方法，各有侧重点，就会事半功倍。常见的方法有：

第一，不厌其烦地利用各种时机进行思想道德教育，在班级中树立正确的舆论导向，让学生们知道高中学习与初中学习的不同，明确什么事该做、什么事不该做，用群体的力量来约束、督促、带动后进生。平时工作中注意加强对问题突出学生的跟踪观察和个别谈话教育，督促其认识错误，改正不足。

第二，家校配合，督促学生自我控制、远离"诱惑"、改进不良习惯。后进生之所以"后进"，常表现为行为习惯不良，或者学习习惯、学习成绩较差，部分后进生两者兼而有之。观察发现，一部分后进生之所以无法养成好习惯，是因为他们比较缺少自我控制、自我约束的能力，这时教师和家长就应该多联系、多沟通。只有这样，教师才能了解学生的一些习性，家校才能构筑统一战线，对症下药，共同寻找到教育孩子的最好方法。让家校联合起来，教师和家长共同成为学生生活和学习的指导者、价值的引导者、行为习惯养成的督促者。

第三,在非原则性的问题上适度降低要求,耐心关怀,给学生改正错误的空间。人非圣贤,孰能无过。青春期的少年的身体已渐渐发育,有些人心理上可能还未"断奶",这需要教师多些耐心,等他们长大。

第四,教师要用辩证发展的眼光看问题,不要戴"有色眼镜"看学生,破除心中固有的看法,每天用新的眼光看学生。要学会辩证地思考问题,研究学生心理,及时了解学生的想法、看法。要尊重学生,爱护他们。他们正面临成长中的坎坷,需要我们及时帮助他们。我相信:要做好班主任工作,必须树立以学生为本的思想,事事处处要讲科学、讲方法、讲策略、讲沟通,千万不能由着性子不分青红皂白地批评学生。只有这样,我们教育学生才能取得很好的效果。

(作者单位:江苏省句容中等专业学校)

地球上的星星
——每一个孩子都是特别的

朱小荣

【案例背景】

"老师,你们班胡同学要参加早锻炼吗?"

"当然要参加的呀,他是住宿生啊。"

"但是他从开学到现在一直没有参加早锻炼。"

这是我本学期开学第一次值班过程中,学生会值日学生和我的对话。听到这样的汇报后,我的大脑便加速运转。因为这是一个让我颇为头疼的学生给我带来的又一个麻烦。

胡同学是我所带班级中个性较为突出的学生。他专注于自己所喜欢的手绘人物,但对于其他的学习课程往往得过且过,经常不交作业,且性格稍显孤僻,尤其不愿意与老师、家长交流,在内心为自己构建了一个"小我"世界。在与他相处及与其家长的交流中,我发现他这样的性格导致其过于以自我为中心,对纪律淡漠,对师长没有应有的尊重。

在过去几年的相处中,考虑到他性格内向,我大多是以引导教育为主,希望通过讲道理能够让他明白一个人单单有专业技能是不够的,更重要的是一个人的基本素养、与人交往和交流的能力及社会生存能力。

【案例描述】

上一学期,胡同学申请住在校外的亲戚家,后因多次迟到,在他父母的说服教育下，本学期又再次申请在校住宿。然而开学不到三周的时间，他又给了我一份新学期"惊喜"。我在心里思索着解决这个问题的方法。

　　思考着，我来到本班教室，将胡同学喊到教室外，直接问他："你参加早锻炼了吗?"

　　"没有。"他很干脆地回答。

　　"那你以后还准备参加早锻炼吗?"我没有追问原因，直接问他日后的打算。

　　"参加。"依旧是言语不多的回答。

　　"好。那我从明天开始看你的表现。"胡同学点点头。我便让他回了教室。

　　第二天一早，在早锻炼开始之前，我便到了操场，开始寻找胡同学的身影。但直到早锻炼结束，我依旧没有看到他。我便询问了与胡同学同寝室的张同学。张同学犹豫了一下，告诉我胡同学还在睡觉。听到这个回答，我内心有了很大的波动，想着是不是之前的好言好语对胡同学反而是一种纵容，才会让他的"恶性行为"愈演愈烈。于是我下定决心这次一定要改变胡同学的一些不好的行为习惯。我将胡同学连续两周未参加早锻炼的情况上报给系部，系部了解情况后，决定给予胡同学警告处分。

　　八点班级早读开始了，八点零五分，胡同学姗姗来迟。我将其喊到一边，问他："今天早上怎么没有去早锻炼? 你昨天不是答应我的吗?"

　　"我肚子不舒服。"

　　"肚子不舒服? 我怎么听说你是在宿舍睡觉呢?"

　　"谁说我在睡觉的?"

　　"好。那如果你真的是因为肚子不舒服不能参加早锻炼，你应该知道需要履行请假手续的。作为班主任，我没有接到你的请假申请，作为今天的值班老师，我也没有接到你的请假申请。如果你自己不方便请假，那同寝室的同学总能帮你带个口信吧?"

　　他沉默了。

"你两周未参加早锻炼的情况,我已经跟系部反映了,结合你长期以来在课堂上的表现及遵守校纪校规的情况,系部决定给予你警告处分。"我直接告诉他不遵守纪律、无视校纪校规、以自我为中心所带来的后果。

沉默片刻后,"你讲完了吗?"这句话从胡同学口中冒了出来。

"我没有讲完,而且就你问我这句话的态度,我还是要继续讲。作为一个学生,一个违反纪律的学生,有像你这样用这种语气跟老师说话的吗?"我尽量压制自己内心的怒火,用严厉的语气对胡同学进行批评,并跟他说明,我的教育一向以说服教育为主,但是如果说服教育帮助不了他,我只能通过纪律处分这个手段,来帮助学生修正纪律观念和尊师重道的观念。

在结束与胡同学的谈话后,我联系了胡同学的家长。他们在知道了胡同学在校的表现后,很着急,也很生气,同时描述了胡同学在家中的类似表现,并表示了对学校处分的支持,说希望通过处分能够对胡同学敲响警钟,对他有一定的约束。和胡同学的家长的近一个小时的交流,让我对胡同学又多了一份了解,也让我坚定了"强扭一棵瓜"的决心,并与其家长约定第二天到学校来面谈处分的事情。

当天下午我收到了胡同学家长的短信,说已经与胡同学通过电话,他的态度还可以,希望家长照顾他的面子,不要来学校。看到短信,我开始思考,胡同学的一切个性的行为作风,是不是也是这个年龄的孩子特有的"张扬个性"。我同意了让胡同学自己来处理处分的事情。

第二天早上,胡同学在早读课时依旧姗姗来迟。因不遵守纪律才被处分,现在依旧迟到,这是对纪律、对老师的挑衅,作为一个年轻教师,怒火已经在我的心中燃烧了。

"你怎么迟到了?"我直截了当地问他。

"我事情比较多。"胡同学慢悠悠地回答了我。

"谁的事情不多? 全班 38 人,每个人都有自己的事情。但是别人都能安排好自己的事情,严格遵守纪律,你为什么不能?"我的语气明显加强了。这一次胡同学没有回答我。

"身份证复印件带了没有?"我没有继续追问,转开话题,催他交需要上交的材料。

"没有。"

"什么时候能交?"

"最迟什么时候交?"胡同学跟我讨价还价着。

"最迟今天,我上周从周四开始每天都会提醒你们,我还特意提醒到了每一个人。"

"恐怕危险。"胡同学继续挑战着我的底线。

"身份证是放在宿舍还是在家?"我继续问他。

"在家。"

"好,那我跟你家长联系,让家长替你送过来。"

早读课的谈话就这样过去了,我也随即联系了他的家长。他的家长告诉我,胡同学的身份证应该是带着的,是他故意说没带的,并表示会跟他联系。家长的答案也在我的意料之中,在我的印象中,胡同学确实是这样一个"颇有心机",并时常语出惊人的学生。

午自习我到班级巡视时,胡同学递给了我他的身份证复印件,我没有拆穿他的谎言。但这时胡同学当着全班同学的面再一次语出惊人。"我能不能跟你说一下,以后可不可以不要因为一些鸡毛蒜皮的小事,就给我家长打电话?"在全班同学面前被这样质问,我倒抽了一口凉气,随即反问他:"你觉得什么是鸡毛蒜皮的小事?学生的事情没有小事,对于你们在校的任何事情我都可以和你们的家长联系,让家长知道你们在校的情况。还有,不要用"可不可以"这样的语气米质问老师,你知道什么是尊师重道吗?"

胡同学以沉默应对。但我知道,应该是中午他和家长的交流不太愉快,所以他将不悦情绪发泄到了我的身上,觉得我是故意针对他。我也明显感受到了胡同学对老师的敌意。

【原因分析】

我将这个情况和胡同学的家长进行了沟通,在长达一个多小时的电话交流中,他们给我讲述了胡同学在初中阶段因为学习受挫曾经策划过一次离家出走。也是从那时候开始,他的性格有了很大的变化,开始不与人交流,尤其是与家长、老师。他们因害怕胡同学再次发生离家出走的行为,对胡同学是多方保护,言听计从。

在电话中,胡同学的家长表示了他们对于胡同学这样的性格行为的着急及无奈之情,希望我能够帮助胡同学改变这样的行为习惯,并主动提出必要的时候可以给胡同学"下点猛料",并告诉我胡同学已经和他们在电话里发生了冲突,我也得知胡同学认为这次的警告处分是我单方面对他的惩罚。

挂掉电话,我心里对家长支持学校的工作感到欣慰,然而对于我自己是不是真的要去"强扭这颗瓜",我陷入了沉思:是什么让胡同学变成了现在这样呢?根据家长的反馈,胡同学在初中择校时,父母望子成龙心切,为其选择了一所好的学校,希望他越来越好,最终却适得其反,胡同学因学习成绩不好而离家出走,并产生了一定的自卑心理,又因家庭教育方式不当,他出现了行为不良、人际关系不协调等问题。

【方法措施】

沉思中,我似乎看到了电影《地球上的星星》中小男孩伊夏孤立无援的那种绝望,我不希望我的学生有那样的心灵体验。于是我对家长进行了安抚,表示不要把孩子逼得太紧,重要的是让他明白道理,让他自己转变,而不是让他带着抵触心理去勉强做到。最终我和家长达成协议,让胡同学自己冷静一段时间,让他去思考是非对错,去思考怎样才是一个健康的社会人。家长赞同了我的建议,并表示会继续跟胡同学做良好的沟通。

第二天,胡同学来跟我请假时,态度有了明显的改变,语气变得柔和,请假理由是觉得这几天的事情自己有错,在学校没有办法安静学习,希望能回家冷静一下。我表示了同意,并告诉他,作为老师,我对待每一个学生都是公平的,每一项处分的决定也是严格按照校纪校规执行的,老师和家长沟通是为了家校共同教育,是对学生负责,希望他回家后能够以一个成年人的视角去思考整件事情的经过,想一想自己是不是真的做对了。在胡同学回家的几天里,他的家长给我发了几条短信,表示胡同学的态度有所改变,愿意心平气和地与父母沟通了。

新的一个星期开始了,胡同学提前十分钟就已经到了教室,并主动交给我他的处分记录本。看到他已经恢复平静的言行,我心里也慢慢恢复了平静。这件事情过去后的一个月里,胡同学让我看到了他身上的转变。他坚持参加早锻炼,早读课不再迟到,认真打扫宿舍卫生,跟我说话的时候,我明显感受到他善意的目光。

【案例反思】

作为一名师范毕业生,我曾在自己的象牙塔中憧憬、规划过自己的教育蓝图。当成为一名职业学校的教师后,我知道我面临的是一群特殊的学生,他们在过去的学习中不是班上的尖子生,有一部分甚至是班级的问题学生,这样的过去让他们的行为习惯不太符合教育规范,他们中的多数人对自己缺乏自信。所以当他们走进我的班级时,我告诉他们,在我眼中他们每一个人都是一张崭新的白纸,四年后纸上的图案是他们自己画上去的。我也一直带着平和的心态与他们相处。而在胡同学的迟到事件中,前期我很显然已经失去了淡定,不淡定就会急躁,如若不是我及时反思,思考自己处理问题是否出现问题,很可能就会让胡同学陷入家长、老师都不支持的孤立无援的境地,这对于学生而言,必然会是一种心灵上的打击,是一种心灵暴力。我很庆幸我能及时反省,我感谢家长能够与我坦诚面对,和我一起解决问题。我也庆幸自己能够给胡同学这个 20 岁的大男孩一个冷静的空间,让他自己去思考是非对错。

路漫漫其修远兮,吾将上下而求索。教育的道路很长,所谓"十年树木、百年树人",教育是一门艺术,急不得,躁不得。职业学校的学生更是那些需要多一份爱心的花朵,他们不缺少智慧火花,他们面临更多的是心灵上的孤独与冷漠。地球上的每一颗星星都闪闪发亮,每一颗都是特别的。作为教育者,我们应该多一份耐心、多一份智慧与他们相处,用时间、耐心和关怀,让学生自己去思考、去梦想、去想象。健康快乐成长起来的他们,必然会交给你一份属于他们自己的、充满个性的、令人满意的答卷。

（作者单位:镇江高等职业技术学校）

日常行为教育

顶岗实习中职校学生典型行为问题解析及学校策略

程国祥

【案例背景】

职校学生顶岗实习是学校、企业、学生三方共同参与的,具有管理主体多元化、实习地点分散化、实习内容多样化等特点。顶岗实习是中职学校一种新型的教学模式,多年来,通过加大校企合作力度、拓展实习基地、加强学生管理等办法,取得了良好效果。然而,近年来,我们也发现,顶岗实习学生离职换岗现象严重,管理难度加大,稳定性降低,存在极大的安全隐患。个别学生在实习中出现违法犯罪或意外伤害等重大事故,不仅给学生本人造成无法挽回的伤害,也影响到学校的办学声誉。

【案例描述】

由于学生在思想上对顶岗实习认识不够、准备不足,在实习期间发生的任何一点小问题都会导致学生大范围的情绪不满,从而造成在正常工作日缺勤的旷工事件。

2009 年 6 月,我带领本班 33 名计算机专业的学生在丹阳市开发区某电子有限公司实习。学生主要从事键盘和鼠标的组装工作,我们的学生和企业的工人互相搭配在一起,虽然工作强度不大,但是属于流水作业,学生不能停下,一个人停下,后面的工序就积压下来了。另外,每天需工作 8 小时,学生一开始很不适应,因为上厕所都要和组长报告,并有次数和时间的限制;学生也吃不习惯厂里食堂中的饭菜,以前学生说学校食堂的伙食不好,到了企业实习,才发现企业的伙食还没学校好;另外住宿环境也不如人意,开始几天出于新鲜感,学生还能坚持,但一周过后,就有学生请假,理由很多,如身体不舒服、家中有事等,并且有父母帮助子女请假。就这样过了半个月后,甚至出现学生集体旷工的情况,理由是厂里没有浴室洗澡,在那里住得不习惯。

作为班主任,我首先加强学生的思想政治教育工作,以遵纪守法、爱岗敬业、团队协作精神和吃苦耐劳精神为主题,突出职业道德教育,提升实习学生的职业素养。其次,加强与家长的联系和沟通,争取家长的配合。学生往往因出现小困难就向家里诉苦,家长非但没做好学生的思想工作反而心疼孩子鼓动其离岗换岗。再者,平时及时掌握学生的身体状况和心理动态,排查各种隐患,帮助学生解决实习过程中的问题。如对于学生的洗澡问题,经过学校和企业沟通,企业及时为学生解决了洗热水澡的问题。最后,自己和学生一样住在企业,真正将管理落到实处,每天和学生在一起,共同完成好实习工作。

【原因分析】

我们可以从主观和客观两个方面来探究导致学生在顶岗实习期间出现问题的原因。

一、主观原因

1. 顶岗实习目的不明确

由于对顶岗实习不理解,学生容易产生误解甚至抗拒心理,实习初期成为产生问题的高峰期。部分学生没有明确的职业规划和目标,总认为是学校逼自己实习的,不珍惜现有的实习机会。

2. 缺乏纪律性和解决问题的基本思路

学生在实习中纪律性比较差,随意旷工、辞职,少数学生随意违反工作单位的管理制度,想不上班就不去,请病假、事假不写请假条,违反公司住宿规定等。

3. 工作中拈轻怕重,缺乏吃苦耐劳精神

工作态度懒惰散漫,爱盲目与人比较,对工资要求高,对自己要求低,不肯努力付出,总想一步登天。

4. 团队合作能力差,从众心理严重

一方面团队合作能力较差,以自我为中心,我行我素,不会站在别人的立场为他人考虑;另一方面从众心理比较严重,缺乏主见,易形成小团伙,个别学生具有较强的组织能力和煽动能力,往往可以让大部分学生盲目跟从。

二、客观原因

1. 气候、饮食难以适应

由于6月份天气炎热,学生宿舍住宿条件不好,宿舍内没有空调,住宿区也没有浴室,学生夜间休息受到影响,需要很长一段时间才能适应与学校不同的饮食习惯和生活习惯。

2. 企业管理问题

学生在企业实习时多为一线操作人员,由班组长、领班直接领导,由于班组长都是由操作人员晋升为基层管理人员的,部分管理人员的管理简单粗暴、缺乏耐心。

3. 生产任务重,节奏快,压力大

学生习惯了学校较慢的学习和生活节奏,很难适应高压力、快节奏的工作,部分学生的岗位任务繁重,体力跟不上,必须有个适应的过程。

【方法措施】

中职学校的顶岗实习工作是评价中职学校教育教学质量的一个重要标准,是办学的一个指标。实习管理是职业学校规范管理中的重要环节,也是提高职业教育质量的关键,我校成立了"校长一把手"的就业实习管理工作领导小组,在思想上给予了高度重视,在具体举措方面给予了极大的指导。

1. 把握企业信息,拓展实习渠道

加快网络平台建设,积极开展实习信息服务。强化部门之间、校企之间、学校之间实质性的资源共享,为学生实习和用人单位招聘人才提供方便快捷的网络平台。

2. 积极走访企业,解决实习问题

走访学生实习单位,现场解决学生实习中的困难,有利于管理好顶岗实习工作。

3. 组织校内招聘,探索推荐形式

我校每年坚持安排别开生面的校内人才招聘会,邀请本地知名企业参与,组织实习生参加并从中挑选自己理想的实习单位,整个招聘会现场气氛活跃,学生与企业互动热烈。学生通过与企业领导面对面地交谈与沟通,既了解了应聘企业的情况,又知晓了自己所学知识技能与企业要求上的差距,为以后就业打下了坚实的基础。

4. 实施实习动员,做好思想教育

为了圆满完成实习教学任务,对进企业实习的学生都要召开实习前的动员会,对实习的各项工作做具体部署。通过实习动员会,对学生就实习的重要意义、实习的注意事项、实习手册的填写等内容做进一步强调,并对学生提出具体要求,如遵守企业的规章制度、认真学习技能、争做一名优秀实习生、为学校争光等。此外,在实习过程中,要求学生每月返校,对学生进行集中教育,表彰优秀的实习生,做好学生的思想工作。

5. 加强总结研讨,探讨管理方法

(1)坚持实习管理班主任例会制度。班主任是学生实习管理工作的中坚力量,是学校、学生及用人单位三方沟通的桥梁。学校坚持每月定期召开实习管理工作例会,各实习班级班主任反映学生的实习情况,互相交流管理经验,讨论问题,共同为学生的实习工作出谋划策。

(2)坚持实习管理班主任考核制度。我校坚持按照《实习班级班主任考核方法》,从班级实习人数、实习点分布、教师工作量、各项任务完成情况等方面,对每个实习指导教师分别考核,以确保实习工作有序、有效、稳定地进行。实习结束后,及时进行总结表彰,促进顶岗实习工作取得长足发展。

(3)坚持实习管理和拓展实习单位"两条腿走路"。随着学校二级管理改革的深入,各专业部承担教学、实习、就业等一系列纷繁复杂的工作。专业部要求实习管理教师不仅要积极走访各个实习单位,而且要积极沟通信息、开拓市场,为学生提供实习与就业的平台。

【效果体会】

1. 顶岗实习工作安排

结合课程改革工作的开展,进行了多次教学实习安排。为顺利安排学生的教学实习,我校学工处招就科事先与企业进行广泛联系,洽谈学生实习事宜,为学生顺利安置做了大量的前期准备工作。同时开设了《就业与创业指导》课程,对广大实习生进行针对性培训,为广大实习生尽快实现从学生到"职工"的转变奠定了基础。

2. 学生社会实践

我校贫困学生较多、外地学生较多,面对此现状,我校招就科想学生之所想,急学生之所需,积极与多家企业联络,并协调安置学生利用假期和双休日进行短期打工,既培养了学生的实践能力,拓宽了学生的视野,又增加了学生收入,解决了贫困生的经济困难,更为学生日后的就业奠定了基础,取得了良好的经济效益和社会效益。

3. 校企合作办学

针对学校办学规模日益扩大、办学层次不断提升的状况,为更好地服务地方经济,为使学生能更好地选择对口专业就业、在本地就业、找到待遇更高的岗位,学校加大了与企业之间的良性互动,专门组建了由校长亲自"挂帅"的学校走向企业的市场攻关组。各企业董事长与我校校长加强了沟通,双方加强信息交流,为学校与企业之间建立合作伙伴关系打下了良好的基础。

此外,我校根据中职专业人才成长的基本特点,遵循青少年成长的基本规律,实施"四个一"(企业考察实践一日、校内模拟职业实训一周、企业岗位实习一月、综合职业能力顶岗实习半年)实习模式,促使学生职业素质养成和职业能力提升"四级递进"发展。

(作者单位:江苏省丹阳中等专业学校)

跟你"耗"到底

陈　莉

【案例背景】

在《广雅·释诂二》中，"耗"是这样被解释的：耗，减也。在《仓颉篇》中，"耗"被解释为"消也"。综合两个解释，"耗"可以被理解为消减。在我和学生"斗智斗勇"的过程中，消减的是他们的懒怠、放纵、散漫等不良思想和行为习惯，这需要老师的耐心、爱心和智慧。

【案例描述】

本学期开学，我担任两个普通班的语文教学工作。13103 班男生比较多，而且调皮的学生都相对集中在这个班了。一开始同学之间可能比较陌生，刚刚到一个新班级还没适应，还摸不清情况，所以总体状况良好。时间长了，他们彼此熟悉了，还有着共同的兴趣爱好——打篮球，甚至都一起穿上了相同的衣服，衣服上赫然印着：无篮球不兄弟。他们号称自己为"四大金刚"。

爱好打篮球本来不是什么坏事，可是他们忘记了时间，忘记了地点，忘记了学校的制度。下课铃一响就急不可待地冲出教室，直奔篮球场，直到眼保健操结束才满头大汗、依依不舍、急急忙忙赶回教室，然后再去卫生间洗脸，又有几分钟被浪费了。在他们眼里篮球远比上课重要。

【方法措施】

对学习缺乏兴趣我能理解,但是他们无视学校上课铃声使我有点气愤。第一次,我原谅了他们,友情提醒他们下次按时进班,并且调整好自己的状态。第二次,他们依然如故,我本来想发火的,想按照惯例训斥他们一顿,但是转念一想,他们是久经"考验"的人了,什么杀伤性语言利器没见过,还是转变一下策略吧,希望自己的耐心、宽容能够让他们觉醒。

可是我的大度换来的不是他们的悔改,而是他们的我行我素,也许是觉得这个老师好说话,或者也不能奈他们何。于是,第三次我毫不犹豫地没收了他们的篮球当作警告。某一天,我忽然发现这帮家伙不知道什么时候已经偷偷溜进我办公室把他们的篮球拿走了。作为一个老师,我真的觉得无地自容,也许他们还在背后为自己的阴谋得逞而暗暗得意。我佯装不知实情,暗暗等待机会"收拾"他们。

第四次,他们依然如故,我本想发火的,但还是忍住了。几位同学在教室外喊了"报告",我装着没有听见,把他们晾在门外两分钟后,告诉他们先进来上课,下课后去我办公室。这几个同学也许觉得自己有点过分了,也许是去老师办公室对他们来说是家常便饭,下课后很配合地主动到了我办公室。我力求克制自己的情绪,很平静地说:"感谢你们很配合,能够主动到我办公室来,看来你们还是懂一点道理和规矩的。上课虽然迟到了,但还是记得进教室上课,看来大家不是那种自暴自弃的人。"他们本来还准备接受我的暴风骤雨般的批评的,一听我不仅没有批评反而表扬了他们,有点惊讶,反而有点不自在了。我接着说:"人能够讲道理就好,你们对上课铃声置若罔闻,那以后我也就对下课铃声置若罔闻。另外,因为你们今天上课迟到了,我要把你们落下的功课给补上,这应该是一个还想学习的同学愿意做的,同时也是我的职责,我不希望我的任何一个学生掉队。"剥夺了他们下课的自由就是他们最大的痛苦,他们也害怕我不断找他们的麻烦,最终由感到惊讶转为感到惊愕、无语,还是乖乖来办公室补课了。

【效果体会】

如果简单粗暴地训斥他们一顿了事,他们肯定是左耳进右耳出了,甚至进都不进。如果我告诉他们班主任,他们会觉得语文老师无能,只会打小报告,可能会在心里更加鄙视我,在行动上更加肆无忌惮,这样做只会激化师生之间的矛盾。正如一位名师跟我说的,把教学中遇到的每一个问题学生当作课题来研究,就会有很多收获。在这件事上,我懂得了教育是要持之以恒的,因为学生的恶习的形成不是一朝一夕的。在"正义"与"邪恶"的较量中,坚持到底才是硬道理。一定要"耗"到底,还要"耗"得机智。

一周后,我去上课,忽然忘了到底是哪个班的课,我就走进13103班问了一下:"是语文课吗?"学生答道:"肯定的,因为我们都在。"我们会心一笑。

初战告捷,不知道以后的路还有多长。"路漫漫其修远兮,吾将上下而求索!"

（作者单位:江苏省扬中中等专业学校）

对学生迟到行为的处理探析

郭天春

【案例描述】

晨读课铃声已响,我进班点名时发现有多达七名学生未到教室,其中有五位走读生、两名住宿生。"新学期开学一周还未过,这都已经是第二次了,实在太不像话了!"一想到这里我就心跳加速、血液上涌,心想一定要严惩迟到者。正思考下一步的教育策略时,就听到教室后门被重重撞开,五位走读生挤成一团欲往里冲,一看到我正怒目而视,都僵在了门口,狼狈不堪。看到他们鼓鼓的嘴巴、惊恐的眼神,我突然改变了想法,降低了语调说:"请你们几位从前门进!"几个人用了很长时间才从后门走到前门,入座后,我和他们每个人对视了一遍,以让他们在我的眼神里正视自己的错误行为。与此同时,两位住宿生晃晃悠悠地到了门口,睡眼惺忪地喊了声"报告",看样子一定是昨晚睡得太晚,如果现在大声怒斥他们,肯定会转移其他早读学生的注意力,于是我先让他们回座位早读,事后再从长计议。

课后回到办公室,没想到更是热闹非凡,两位班主任同事正在大发雷霆地训斥早晨迟到的学生,面对班主任怒吼般的质问,学生们有随口编理由的,有吊儿郎当地站着东张西望的,有躲在别人后面偷笑的,有嘴巴不停地咀嚼着的。我暗自叹息,像这个样子,就是训一个学期也不会有效果。学生离开后,班主任们都开始抱怨起来,头疼不已,互诉管理的苦衷。

迟到现象已经是中职班级管理中很普遍的问题了。这不仅影响了班级考核，还打扰到正常的早读秩序，如果处理不当，更会降低班主任在学生心目中的形象，甚至成为反面的典型。

【原因分析】

在中职学校，学生迟到的现象非常普遍，追问起来，学生的理由五花八门、层出不穷，更有甚者破罐子破摔："我就迟到了，看老师你能怎么样?"综合分析后，我把学生迟到的原因主要归为两个方面。

一、主观原因

1. 懒散的个人习惯

学生在初中甚至小学都经常迟到，而且对此不以为然，老师虽然教育，家长也督促，但就是不及时改正，再怎么也要拖拉一阵子，任何事都要慢人一拍。对于长期养成的懒散拖拉的习惯，要想在中职阶段将其改正过来，难度很大。况且，家长们对孩子早已黔驴技穷了，只希望老师能有办法。但老师又孤掌难鸣，以致学生的不良作息习惯无法得到有效改变。

2. 无明确的人生目标

中职学生普遍不知道自己以后会怎么样，更没想过自己以后会是什么样的人、社会对各种职业会有什么样的要求，每天过着"做一天和尚撞一天钟"的麻木生活。对他们而言，迟到还是不迟到并没有什么区别，你说教归你说教，我还是做我自己想做的，因为他们现在任凭家长牵着走。

3. 不敢正视自己的缺点

学生喜欢凑热闹，特别喜欢看别人的笑话，每每看到别的同学迟到了、犯错了，就跟着起哄，说些挖苦的玩笑，却不知道从他人的错误中汲取教训、反省自己。而已经迟到的同学，为了掩饰自己心里的惶恐，为了从别人的嘲笑中找回一点面子，之后会刻意地经常迟到给其他人看，以此证明自己是个"英雄"，他们在争脸面的同时,忘了自己已然成了"头埋沙土的鸵鸟"。

4. 掩饰不良的行为习惯

"我去上厕所了"经常出现在学生迟到的理由中,"厕所"成了为朋友两肋插刀的替罪羊,"上厕所"在迟到理由里排行第一。他们在厕所里做什么呢? 一是抽烟,二是玩手机打发时间。迟到的第二大理由是"因为吃饭所以晚了",学生所说的吃饭实质上是去商店或食堂周围溜达了,或在远离教室的地方抽烟、玩手机、打牌等。

二、客观原因

1. 天气冷暖变化

春暖花开和秋高气爽的季节是学生迟到的高发时段,因为舍不得舒服的被窝,到时间了,总还想在床上多赖会儿,结果大多睡过了头。

2. 家教方法不当

父母根据自己的时间利用效率认为孩子也应该可以合理利用时间,觉得上学太早了,让孩子再睡会儿不要紧,时间到了他会起来的。结果家长出门了,孩子还在床上。有的孩子是直接跟着爷爷奶奶生活的,祖辈们对孩子的管教更无力,往往任其发展,最后养成拖拉的习惯。

3. 对学校和老师有排斥

之前的老师对学生的迟到行为采取了严厉的应对措施,比如训斥、罚站、写检查、找家长、令其当众道歉、晚放学等,这些都对学生产生了负面影响,致使学生对老师和教室产生排斥心理,就成了同学们口中的"老迟"了。

4. 上学路上的意外事故

学生从家里到学校的路上也的确会发生很多意外事故:一是车坏了,二是天气恶劣,三是交通意外。这些情况偶尔会发生,这样的迟到情有可原。

【方法措施】

一、针对因主观原因迟到的学生

学生迟到的根源在于不能正确认识迟到的后果，或者压根对迟到的结果不在乎，因此要培养学生的时间意识和责任意识。

学校应对学生行为规范问题的杀手锏就是纪律处分，给学生处分也成了很多班主任对付学生的法宝，但这个法宝并非万能的，有的学生即使已经被处分了，也还是迟到，一个学期下来，可能过半的学生都受过纪律处分，这样有违教育的初衷。处分只是手段，教育才是目的。我观察发现，经常迟到的学生基本上都是"乐天派"，他们做完事情后很快就将其抛诸脑后，即使重蹈覆辙，还是会和之前一样无动于衷。为了让他们直观地看到自己的行为轨迹，我在讲台上准备了一本记事本，每个学生都有一页，主要记录迟到、早退、旷课等常规情况，分"具体时间、事由、本人签字"三栏，班主任需要和班委一起监督，谁有情况谁写，可按月统计或者半学期统计。一个月下来，多的同学有几十次记录，少的则有一两次，迟到的学生都是在全班学生的目光中走上讲台进行登记，我发现学生写到签名栏时都会情不自禁地犹豫，这种无形的压力和羞愧心理形成了最好的教育——自我教育。学生每次登记都可以看到之前写的理由，一般编到五个以上迟到理由就会出现重复，他们写的时候也就开始犹豫，编理由其实也是很痛苦的，哄别人容易，哄自己还是有难度的。看到学生抓耳挠腮的样子，我就可以肯定他后期会有进步表现。一段时间后，我们按记事本的统计数据在班级评选"上厕所最勤快标兵""吃饭次数最多标兵"等"荣誉称号"，并把评选结果张贴在班级荣誉榜中，利用反刺激来唤醒学生要求进步的意识。从每个人的记录时间上看，总体是前期的连续性违纪行为较多，越到后面违纪记录的时间跨度越大，这说明后面的迟到次数在减少，而且是越来越少。

在班级活动课上，我请家长到班级给学生谈自己的时间观和对孩子的期望,请企业人事管理者谈企业对职工的考核细则,让学生内化遵守时间的重要性。当然,教育是以家庭、社会、学校三方为支撑点的,少了任何一方,教育的效果都会大打折扣,发挥三者的合力作用是教育好学生的重要条件。

二、针对因客观原因迟到的学生

对于因客观原因而导致的迟到行为,我们首先应给予理解,但需要提前给学生提些要求。比如,如果在路上出现意外情况,必须提前打电话告知家长,由家长向班主任请假,视情况严重性还可拨打110、120等。这些常规习惯的培养需要老师们耐心地提醒、不断地坚持排查,杜绝弄虚作假的可能。如遇到恶劣天气,对学生迟到无须过度追究,反过来更要关切地询问学生路上遇到的困难,即使有刻意迟到的学生,遇到这样热心的老师也会不好意思再次让老师失望,这是老师拉近自己与学生的距离、树立高大形象的契机。另一方面,要经常联系迟到学生的家长,利用"提前五分钟"的原则,让家长配合学校工作,逐步培养孩子良好的时间观。

【效果体会】

无论哪种教育方法,最初的效果都不会很明显,学生在登记自己迟到行为的时候经常也会忘记或有意不写,这就需要我们足够耐心和细心,虽然爱迟到的学生还是会时不时地迟到,但我们更多的是要看到他们进步的一面。"威尔逊法则"告诉我们应对学生满怀期望,否则我们就没有教育的必要了。教育是农业,不是工业,我们也不能指望一下子完成一件艺术品,只有长期的呵护、正确的指引才能让学生成长得更快、更好。

(作者单位:江苏省扬中中等专业学校)

用一颗感性的心去理解学生

姜巍巍

【案例背景】

工作这么多年,每当有人对我说,你们的工作多轻松,就是给孩子讲讲课,改改作业,又不累,我就只是苦笑,这是一个没有当过老师的人说的话,我无须辩解什么,但是我们教育工作者心里清楚:我们是知识的传播者,更是灵魂的工程师。如果在教育岗位上你没有用心去感受学生,那你就是一个不称职的老师,你就不会感受到这其中的酸甜苦辣和辛勤播种后收获的幸福。几年的教育工作经历让我学会用一颗感性的心去理解学生。

案例一　由爱变恨

【案例描述】

那是在我刚刚工作的时候,那年我所教班级的最后一排坐着一位又黑又壮的男生,他表情很冷,上课时也总是低着头,不愿抬头看黑板,一副吊儿郎当的样子。但是我上过几次课后,这个学生的学习态度似乎有所转变,他慢慢地愿意听讲了,表现得要比周围同学还要认真,并且当班级纪律出现问题时,他会及时大吼一声"不要打扰老师讲课",在我的课堂上表现得特别积极,班主任也反映说这个学生就喜欢上化学课,在其他学科的课堂上都趴在桌子上。我慢慢开始关注这个学生,因为他的基础很差,新学的简单问题还好,但遇到和初中有关的知识或逻辑性强的知识就不会了。

我知道应该提高他的基础,帮他将缺乏的知识补回来。那时晚自习,这个学生总是喜欢到讲台来问我问题,而且问的都是练习册上的提高题,我知道这样的题不适合他,应该让他把基础打牢,我和他谈过几次,但这个现象还是没有改变。一次晚自习,他又找来一道很复杂的题来问我,当时我就很生气,大声呵斥他说:"不会走呢,就想跑了,把前面简单的基础题先弄清楚再来问。"结果第二天上课时,他一直趴在桌子上不听课。我就走到他面前,对他说:"你要是困就站起来清醒清醒。"谁知,我话音刚落,他就拍着桌子对我大声说:"我用不着你管我,你是谁啊?"当时我看到他的眼睛里似乎有一团怒火,他很愤怒、很激动。我没有吱声,我知道,如果我再说他,肯定会让他这团怒火烧得更旺。我慢慢走回讲台,尽量平复自己的心情,坚持把那堂课上完。下课后,我来到政教处,把这个事情反映给他们,想让他们来处理。过了两天,我又来到班级,看到他的位置空着,就问学生:"××怎么没来?"学生说政教处找过他两次,今天不知道什么原因没有来。下课后我跑去政教处询问情况,了解情况之后,我的心像被锥子扎得一样痛,我后悔并无法原谅自己。

××的父亲因犯罪被判了刑,他的母亲一个人带他,所以他一直性格孤僻,不愿与人接触,遇到我这样一个新老师,他感觉很亲切,所以上我的课时特别活跃,不同于以往。他总是问一些难题,就是怕我瞧不起他,我无意的呵斥严重挫伤了他想重新好好学习的自尊心,政教处因我反映的问题找他谈话,也批评了他几句,可是他最后告诉学校的是他不上学了。

【案例反思】

这件事情在我心里留下了一个不能抹去的阴影,我后悔当时没能多了解他的情况,从而犯下了可能改变这个学生的命运的错误。将心比心,我当时对他的关爱程度远远没有他对我的期望高,如果我能发现他的改变,并及时向班主任了解他的情况,知道他的心理问题，我就会小心呵护他，用心回报他对我的那份情感，但就是我不经意的一句话，就让他对我由爱变恨。所以在接下来几年的工作中，我一直遵守一个宗旨——尊重，用鼓励的方式去教育每一个学生。想起一句话，每个孩子都是个天使，是你折断了他飞翔的翅膀。我们是教育工作者，我们没有权利给任何孩子贴标签、否定他的能力，我们要成为的是知识的传播者和心灵的工程师。

案例二 上课玩手机

【案例描述】

现在学生使用手机已经不是稀奇事，几乎每个学生都会有一部手机，虽然学校明令禁止把手机带进校园，但是还是不能破除手机对学生的诱惑，老师们也是心知肚明，但是在课堂上玩手机是绝对不被允许的。去年在我上课的时候，同桌的两个男生一直低着头，偶尔一个学生抬头望望我，看我有没有发现他们。我假装没看见，慢慢靠近他们，在快要接近时，我一个快步上前抓个正着。手机屏幕亮着，两个学生迅速把手机往书桌里面藏，但是他们已经知道我看到手机了。我很严肃地对他们说："请把手机交出来！"其中一个学生脸红了，另一个学生也露出了尴尬的表情。我隐隐约约意识到了什么，但是作为老师自己说出的话也不能收回，就给了他们一个台阶下，说："把手机电池卸下来，手机由老师替你们保管，放学时你们带回家，不许再带到学校。"我觉得已经很给他们留情面了，但是一个学生突然情绪激动地说："不给，就是不给。"当时，班级里其他学生都劝这个学生说："交上去吧，老师不是让你卸电池了吗，老师不会发现什么的。"但这个学生转身拿着手机跑出了教室，我让另一个学生跑出去看着他。这时下课铃声响了，我对他的同桌说："如果你们意识到错了，就主动到老师办公室来认错。"但是直到放学他们俩都没有来。第二天早上，我还在想如果他们今天再不来，我就要主动去找他们了。还好在第二节下课的大课间，两个学生低着头来到我面前。我没有责怪他们，而是让他们坐下,先肯定了他们平时上课的表现,而对于昨天的事情我一字未提,对他们讲了讲男子汉的担当和自己犯错后该如何改正,最后我拍了拍他们的肩旁说:"老师相信你们会表现得越来越好,回去吧。"他们俩很惊讶,说:"老师,我们把手机交给你吧。"我说:"不用了,我相信你们自己知道该怎么做。"在后来的很长时间里,他们在我的课堂上都是认认真真听课,成绩也进步得很快。

【案例反思】

我及时发现了两个男生那种尴尬的表情并意识到他们有秘密不愿意告诉老师,如果我当时一味地强行没收手机的话,他们以后在我面前肯定很羞愧,会觉得我发现了他们不肯告诉别人的秘密,并激起他们的逆反心理。学会理解学生并能给他们认识自己错误的机会,他们也会更相信老师并愿意自己改正错误,既给班级其他同学传递正能量,也让其他同学赞许老师的做法,从而让学生更加敬佩老师。

案例三　两个学生的矛盾

【案例描述】

2015 年我教的化工班一共有 12 个学生,因为人少,所以我与他们每个人都能很好地沟通,班级整体很团结。后来普高一个非常喜欢化学的男生转到了这个班,因为他在普高的学习进度比我们这边快,我讲的很多知识他都已经学过,所以在课堂上回答问题是最快的,作业完成情况也是最好的。因此,在课上,有些同学答不出题时,我就会不自觉地让他来回答。这个我并不在意的情况,却使班上气氛慢慢变得不对了,每当我在课堂上提问时,其他学生就会帮我提名那个男生,这时我才意识到,班上同学已经认为我潜意识里偏爱了这个刚来的男生。我有班里每个学生的 QQ 号,一次我查看"动态"时,发现一个女生在"说说"里连着几天写道:"别总是自以为是,以为我们不知道你的作业都是上网找的答案""让人讨厌""装，有什么好装的""××，你让我觉得恶心"。最后这一句使我终于明白了这个指代对象是刚来的那个男生。虽然只是这个女生发表的观点，但我似乎意识到班级其他同学对他有成见。后来我就找个机会，让除了刚来的那个男生之外的其他同学到我办公室，我对他们讲："××刚来到这个学校、这个集体，他内心有不自信和胆怯，他只想通过自己的努力让大家认可他，不要对他有其他不好的想法。老师也想多鼓励他，让他能在我们班找回信心、增强自信。可是他的这种表现却不被人理解，被当成了一种炫耀，这似乎有点不对吧……"一些学生低下了头。这时我也把那个男生叫进办公室。我当着其他同学的面，对他说："你在普高学的进度要快些，而其他同学有些知识还没有学到，那你是不是要收敛一下自己的锋芒，就好比看电影，你先看过了，而别人没有看，你却在一旁给别人讲个不停，别人什么感觉。"那个男生也低下了头。我对他们讲，我们是一个集体，不要用相互排挤的方式去对待同学，我们的目标是要和全省学生比，不要目光短浅地只看到眼前的同学，只有我们齐心合力，我们集体的力量才会强大。最后我让那个男生主动和那个发表"说说"的女生握手和解。从那以后，他们非常团结，有问题会一起解决，那个男生也不像刚来时那么锋芒毕露，懂得谦虚了，班里其他同学对他也都非常友好，我心里也暖暖的。

【案例反思】

这件事情也让我明白，教师要对每个学生都是公平的，不能因为你的偏心，导致班级不和谐。在学生矛盾的解决上，要让他们学会换位思考，学会理解别人，少一些抱怨，多一些理解，让学生有包容之心、仁爱之心。只有形成一个良好的班风，才会教育好每一个学生。

教育工作者要像理解自己的孩子一样去理解学生，时刻有一颗仁爱之心，理解每个孩子的举动，并耐心开导他们，让学生学会感动、学会关爱、学会尊重。

（作者单位：江苏省扬中中等专业学校）

让他的心中充满爱

濮美玲

【案例描述】

他是一名竞走运动员,曾经在田径场上挥洒汗水,到了中专一年级下学期却由于种种原因只能安静地坐在教室里学习。因为不训练的缘故,我们的接触便多了起来,我也慢慢开始了解他,同时我们之间的"矛盾"也开始多了起来。

在一次他连续旷课半天后,我"坐不住"了,等他主动找我承认错误是不可能的。课后我去了他的宿舍,他睡得很香,叫了三遍都没醒,估计夜里又玩得很疯!但是今天我不能再让他这么"舒服"下去,我得跟他好好聊聊了。可是一开头,我就被他的话"震"住了。他说:"老师,其他同学放月假都急着回家,而我却无家可归。别人一回家,爸爸妈妈都会嘘寒问暖,而我只有一个奶奶,我已经几年没看到我爸了。"从那以后我对他的了解就多了一分。特别是"三九天"时,他依然衣衫单薄,穿着一双单鞋坐在寒冷的教室里,我的心为之动容,心想:这样的孩子心里该多苦啊!他多么需要人照顾和关心啊!

因此,除了让他规划自己的零用钱、给自己添置冬衣冬鞋外,我平时在生活上尽量多关心他。我印象最深的就是前年的腊八节,天空中飘着雪花,突然在课间听他说:"老师,我想吃腊八粥。"下班后我简单找了几种食材做了一碗腊八粥,趁着晚自习的时候给他,让他感觉到"家"的温暖,让他的心在这个冬天不再寒冷,让他的心里有爱。

在对彼此有了一些了解后，我们都知道了对方的底线，开始相互理解。那次谈话以后，他不再无故旷课，即使不来上课也会向我请假。他开始知道原来老师会关心自己，并没有放弃他，他不是一个人在"战斗"，知道班主任每天都会去班级点名，自己一不留神就会引来班主任的"目光"。停止训练以后，他也开始尝试着学习，毕竟他心中还有一个"大学梦"。

我也逐渐理解了他的思想与行为，他现在处于青春叛逆期，没有父母的引导，只按照自己的想法做事。我平时尽可能多与他聊聊天、谈谈心，让他的内心不再封闭。我也开始明白他这么多年辛苦奋斗、刻苦训练赢来的"一级运动员"证书的分量，也知道了运动创伤对他身体的影响。因此，我给他列出了一个作息时间表，同时让他利用课余时间去医院治疗身体上的伤病，尽可能地调理好自己的身体，健康、快乐地学习、生活。这时他已经开始尝试去爱关心他的人，我们之间的"矛盾"慢慢地淡化了。

在和平共处几个月后，他又开始犯错了，开始无端地不写作业，课间居然和低年级的同学动起手来，原因是为了保护他的堂弟（堂弟与他本来就在一个训练队，此时上初二）。虽然事情的起因并不怪他，但是毕竟他先动了手，打架时谁先动手谁就是有过错的一方。原本他以为我会处分他，没想到我只是对他进行了批评教育（他当时已经有最高级别的处分，没办法再累加了）。因为别人都有父母来管、父母来爱，而他却什么都没有，所以我也没有过多地责罚他，更没有告诉他的父母，只是教育他不是什么事情都非要用暴力来解决，让他明白动手打人的后果。他似乎明白了我的良苦用心。

进入高三以后，学习分外紧张了。可是，他依然活在自己的"游戏"世界中。这时，我听说他父亲回镇江了，通过他母亲知道了他父亲的联系方式，平时我跟他父亲就采用发短信的方式进行交流。有一次他发高烧了，而马上又要放假了，我及时跟他父亲联系，让他父亲在假期里多多照顾他，让他们父子的关系缓和一些。

可是好景不长,他又与父亲发生冲突,并扬言要断绝父子关系。在一次我和他的长谈以后,他的眼里闪着泪光,我知道我走近他的内心了,他也开始意识到父亲长年在外打工的辛苦。在那以后,他像变了一个人一样,每天按时来上课,上课时还能和我互动,主动回答问题。在体育加试前,他努力训练,尽量恢复体能,争取拿到满意的体育分。功夫不负有心人,最后他连同证书加分一共拿到了 203 分。我希望他能乘胜追击,在最后的学习时间里,夯实文化基础,争取考上本科。

【原因分析】

他生活在一个特殊的家庭,早年父母离异,被判给父亲后却一直跟奶奶生活。父亲离婚后不久就再婚了,有了自己新的妻子、孩子;母亲则在伤心之余,远走上海,开始新的生活。可是他似乎被父母遗忘在一个"孤独"的角落里。家庭的凄冷让他比同龄人冷漠许多。

起先由于在运动上有天赋,他也积极上进,一度成为教练眼中的"可造之才"。小学时乖乖听话,到了初中却叛逆起来。训练的瓶颈让他开始与教练发生冲突。一次受伤以后的突然退队,让他一下子变得不知所措,并开始自暴自弃。他开始了没有目标的生活,挥霍时间。上网、玩手机游戏、谈恋爱等成为他的"主业",学习反而成了他的"副业"。至此,本来上课就听不懂的他,开始旷课,有时还讲哥们儿义气,打点"小架"。曾一度有人劝我:"你还是放弃他吧,否则够你受的。"而我在一直期待他的改变,可是情况却不容乐观。

【方法措施】

针对他的脾气、个性,我对他一直采用温和的教育方式,不想再刺激他的"神经"了。除了平时在学习和生活上多关注他、多关心他,我也尽量和他的父母多联系、多沟通,促使他与家庭的关系往好的方向发展。

身体上的伤痛可以用药物去治疗,而心理上的痛却无法在短时间内恢复。人与人之间的"矛盾"并不是原则性的隔阂,最需要的就是沟通,有了沟通,"矛盾"自然而然会得到解决。因此,我也经常去找他以前的教练全方面了解他的情况,同时也教育他学会原谅、学会理解别人。

虽然对他一直是"春风化雨",但是有些时候他仍然我行我素,不能很好地约束自己,所以有时候必须采用强制措施。为了迅速提高他的文化基础,我就强制他在高考前留在班上自习,希望他利用有限的时间进行复习,努力改善学习状况,争取考上本科,给自己一个重新开始的机会。在最后一次谈话中,他的眼中闪着泪光,我想:现在他的心里充满爱。

【效果体会】

在我经常跟他谈话、聊天以后,他不再排斥我这个"外人",有事也会跟我请假。特别让我感动的是在去年圣诞节的时候,天比较冷,我得了重感冒,平时课程也比较多,以至于连一句话也说不出来。我没想到的是他用自己的零花钱买了一个大大的红苹果送给我,意为"祝老师身体健康",同时给班级每个同学也发了苹果。至此,他开始学会了关心别人、学会了关爱他人、学会了感恩。他也开始明白班主任也不容易,理解老师工作的艰辛。

在他父亲来镇江以后,他们父子之间的交流也多了起来,放假时他也不会无家可归了。有时候他还能去他母亲那里感受母爱的温暖,与同学之间的相处也融洽起来。

后来,他被盐城师范学院录取,开始了新的生活。在这里,我会默默地祝福他。

【案例反思】

　　教育就是爱,爱就是教育。作为一名教育工作者,无论面对怎样的学生,我们心中都要有爱。特别是对于一些家庭特殊的学生,我们更要细心地对待他们敏感的心。

　　教师是教育活动的引导者。很多事情必须让学生自己完成,教师要对其不正确的行为习惯进行引导,尽可能地帮助他们形成良好的习惯。要对他们采用"晓之以理、动之以情、导致以行、持之以恒"的策略,尽量把教师对他们的外在要求转化为他们内心不断发展的需要。同时我深深感受到家庭教育的重要性,家庭教育的缺失会对他们的成长造成很大的困扰,我们需要与家长一起共同教育学生。

　　我一直都坚信"学高为师、身正为范",我会努力提高自身素质,努力让学生"亲其师、信其道"。

（作者单位:镇江市体育运动学校）

学生恋爱问题的处理

施 伟

【案例背景】

进入高职学校的学生,第一次住校,学业压力与初中相比有所下降,老师的监管也相对减少,再加上社会大环境的影响,对异性的感情萌动有时候不可避免。班级中谈恋爱的现象变得比较多,作为班主任,我一般采取的措施也就是通过向同学们打听他们的近况,向任课老师询问他们上课的表现,以及苦口婆心地劝说他们这个年龄不适合、不应该谈恋爱,但这些方法也都是治标不治本,基本无效。这样就给我的班级管理和教育潜埋了一个很大的危机。如果学生恋爱仅仅是为了个人享乐和虚荣心,缺乏责任感,以及在交往的过程中不能冷静、客观地对待问题,就极易发生冲突,酿成悲剧。学校也已经出现因失恋旷课外出上网、打架斗殴等现象,甚至还有学生寻死觅活,好在问题都被暂时性地解决了,但我总是担心这样一个"定时炸弹"会随时爆发,可一直苦于无良策可依。

【案例描述】

记得那是几年前我带的一个五年制会计班,女生聂同学有一次因为没有登记回家而临时离校了,周一的时候过来跟我补签请假单,说是因自己家里临时有事情就回家了,还非常镇静地声称如果需要可以让自己的家长打电话过来证实。等我真的表示要跟她爸爸通个电话时,她倒是有点急了,和她爸爸联系过后才发现她并未回家。她的第一个谎言就这么简单地被揭穿了,于是她马上改口说是同学有点事情需要她帮忙,怕家长和老师担心才撒谎的。她详细地描述了外出的细节,还提供了一个她同学的号码让我打过去再次对质。我没有打她提供的电话号码,而是要求上网查询她的通话记录,果然有电话和短信在她描述的时间联系她,但号码却是另一个。该号码的主人是一个男生,他大方地承认了聂同学是他的女朋友。事情一下子就这么明了了。

【方法措施】

考虑到这个阶段学生的逆反心理和聂同学比较成熟的个性,我估计批评教育对她也不会有什么效果,我就要求她先写下事情的经过及反思,想从她的思想中找到切入点进行教育。

她的第一份反思让我更加绝望,她觉得谈恋爱是一件很正常的事情,班里很多人都在谈恋爱,她已经算是晚的,她认为自己错在不该撒谎骗老师和家长,并且感觉被发现了很倒霉。我根据她的交代和对她的询问,对她的恋爱进行了一个定性,即属于一见钟情型,基本不了解对方,同学聚会时认识的,纯粹出于好奇心理,再加上她觉得班上好多人都在谈恋爱,自己有个人谈恋爱也挺好的。处在一个美丽而危险的年龄,她根本没有意识到一个女孩在无人知情的情况下单独与一个不了解的异性外出的潜在危险,并且毫无防范意识。

本来在学生面前我一直以教育者自居,很少或者避免跟他们谈论恋爱这个话题,只是告诉他们,他们的年龄还小,不适合、不应该谈恋爱,而要以学业为重,很显然这些话一点作用也没有。看来要教育他们,只能与时俱进,另寻他法。现在正值叛逆期的学生的维权意识还特别强,他们甚至说国家的婚姻法都已经规定大学生可以结婚了,你再来压制学生谈恋爱有点过了。让学生心服口服的理由越来越少，但我也不能对此置之不理，虽然我制止不了学生谈恋爱，但还是要尽量降低学生因恋爱受到的影响和伤害。

为此，我专门组织召开了一次主题班会，让大家畅所欲言，表达自己的爱情观及谈恋爱时该注意的问题。一开始，大家显然都被我这样一个主题给吓蒙了，因为他们根本不敢相信我会把一直禁止他们做的事情拿到台面上来让大家一起讨论，但是很快大家开始七嘴八舌地发表自己的意见。有的说要对自己好，有的说要有感觉，有的说要两情相悦，有的说要是富二代，有的说要长得帅，有的说要是型男，有的说要孝顺，有的说要顾家，有的说脾气好，有的说要是潜力股，有的说要像爸爸一样……高雅的、庸俗的、得到大家认同的、被大家嗤之以鼻的，可能我曾经听同龄人讲过的，这些学生都讲到了。追求美好的感情是每个人的天性，班会曾一度失控，讨论根本没有让我插话的空间，让我一下子对他们另眼相看。可能如果问世间情为何物，谁也不能给出一个标准答案。

听了他们的观点，我跟他们讲了几条忠告：一是要珍惜自己的感情，感情是你最宝贵的东西，付出了就收不回来，伤害了就弥补不了，选择很重要，要宁缺毋滥。二是要知道这个世界上只有父母给你的爱是没有条件和无私的，是你不需要防范的，你可能也能得到一个异性对你无私的爱，但是这个人是谁目前还不知道，所以该有的防范意识一定要有。人要有对自己的行为负责的能力，谈恋爱可能会使你得到你想要的幸福，但也可能使你受到伤害，要有一个心理准备，把可能的伤害降到最低，心理承受能力一定要好，有问题一定要找朋友和长辈解决。三是不能盲目从众地去谈恋爱，每个人的缘分都不一样，出现的时间也不一样，不要羡慕别人恋爱，也不要觉得不谈恋爱丢脸，两个人有两个人的甜蜜，一个人也有一个人的精彩。听了这些话，有些同学低下了头，不知道是不是在思考自己不该付出的感情和曾经受到的伤害，聂同学更是神情凝重地在想着什么。然后我给他们看了一些视频，有关于中学生性教育的,有关于网友见面引发刑事案件的,有因谈恋爱引发家庭悲剧的,可能悲剧的意义就是把最美好的东西撕碎了给大家看,让同样的悲剧不再重复发生。

最后我让大家以此为主题写一篇周记,结果发现班里谈恋爱的同学比我已知道的要多,很多同学也在周记中对我敞开心扉。有的写出了自己在以前谈恋爱的过程中没有想到的问题、今后要注意的方面;有的写到要分手,因为以前只是觉得没有男朋友丢脸,其实和男朋友根本没有共同语言;有的写到要从哪些方面去了解自己的男朋友;也有的写到要坚定自己恋爱的决心……不管这其中的对错,这是我多次批评教育也换不来的深思与坦白。

【效果体会】

聂同学更是把事情原原本本地都交代清楚了,她向我详细描述了谈恋爱的过程,对于可能出现的安全隐患,她做了深入的分析,对于对老师和家长的欺骗,她表示了歉意,并且保证今后不会有类似的情况发生,保证不影响学习,但是她也表示自己喜欢这个男孩子,希望我们给她一点时间去做决定,自己也有充分的心理准备和对自己行为负责的能力。她能有这样的想法让我很欣慰,我也庆幸没有对她进行粗暴的教育。在随后的两个月中,虽然她并没有与她的男朋友分手,但是她正常地进行着自己的学业和生活,定期给老师和家长进行思想汇报,并且变得更稳重、懂事。班里其他谈恋爱的学生也都很有分寸,甚至遇到有些问题时还来找我给他们出主意,再也没有因恋爱问题而发生让我提心吊胆的事情,班级的学习气氛也比以前浓厚多了。

【案例反思】

我很庆幸自己当初教育观念的改变。作为教师,我们的一言一行、一举一动都会对学生产生或大或小的影响。教师要直面学生的现实,不能坐视不理,也不能采用压制的办法。我们必须放低自己的姿态,要从学生的角度找到解决事情的切入点,引导他们以正确的观念来改正行为,让他们自己去想办法解决学业与恋爱的矛盾,让他们有对自己的行为负责的能力,让他们心理的成熟跟上生理的成熟。

（作者单位:镇江高等职业技术学校）

春风化雨　润物无声

冷雪联

【案例描述】

王同学原是石狮中学的学生,曾被称为"八大金刚"之一,给石狮中学的管理带来一定的难度。在学习上,由于目的性不明确,他有怕苦怕累的思想,缺乏求学意识,经常上课睡觉,不肯做作业,且经常逃学,导致成绩"大红灯笼高高挂",因此,学习基础薄弱,几乎丧失了学习兴趣;经常迟到、旷课,不履行请假手续;在校外经常上网,甚至打架,石狮中学为了警告他,曾给予其处分,但他仍屡教不改。

2012 年 9 月,王同学成为我们学校的一名在校生,开学那天他妈妈把他交到我手上,从此我就是他的班主任了。

初进我校的一个月里,由于他对环境、同学和老师不太熟悉,加上对《句容中专管理处分条例》的学习,一度做事会小心翼翼,但好景不长,熟悉了一切之后,他就无所顾忌了,原来的劣迹暴露无遗。具体表现在:

第一,学习目的性不明确,缺乏学习意识和意志力,课上课下判若两人,上课时没精打采,简直像一个瞌睡虫,使任课老师人人反感,而下课后则生龙活虎、浑身是劲。我曾经跟他讲过,他下课跑的速度,连火箭都跟不上。做作业时总爱抄袭,一考试就是"红灯高照",这种状况几乎使他丧失了一切自信。

第二,不循规办事,上课常迟到,甚至顶撞老师;在宿舍经常抽烟,有时还参与打架;在劳动、卫生值日方面不能履行职责,也不爱参加一些有益的活动;不团结同学,经常形成"小团体";曾逃学一周在句容上网等。这些与遵守校规校纪相悖的行为,给班级管理带来一定难度。

【原因分析】

1. 家庭的溺爱

由于望子成龙,父母对他一味迁就,满足他的要求。娇生惯养的他不求上进,不求自我批评,只怪别人不理解,完全以自我为中心。

2. 受社会不良风气影响

一些娱乐场所违法经营,管理混乱,用不健康的内容诱惑学生,使学生陷入其中不能自拔,越陷越深,结果使学生人在课堂心在外,逐步厌恶课堂、厌恶学习。

3. 教育的缺失

新课改的教学目标就是确保每一个学生都得到发展。但现行教学仍没有摆脱"应试教育"的影响,学生间的区别、等级明显,那些所谓的"差生"或"后进生"就成了被遗忘的角落,他们受到了不平等的待遇,甚至遭受人格的侮辱,这一切造成了他们心灵的扭曲。

4. 自我认识不足

没能审时度势,对知识经济时代或信息化时代的人才观认识不清,更没有明确的人生目标。正因为如此,王同学才会变得无所事事,不知做什么,好比大海里的一叶小舟,四处漂泊,永远到不了彼岸。人生没有追求目标,学习、生活也就没有了动力,也就容易玩世不恭,甚至戏弄人生。所以,他对一切都抱着无所谓的态度。

对这样的学生如果不采取积极的措施,就会导致他走向另一个极端,也会给社会带来不安定的因素。要想转化这种学生,教师必须有高度的责任感、使命感,以极大的耐心、细心和爱心时刻教育他、帮助他和爱护他,只有这样才能唤起他的自信、激发出他的希望。

【方法措施】

1. 认清形势,摆正自我

在信息化社会,要做一个怎样的人才活得有意义呢? 我与王同学经常交流这样的人生观问题,并让他结合自身实际,谈谈这样混下去能不能适应社会的发展,今后走出校门能否找到生存的立足之地。经过多次心与心的沟通、情与情的交流,他逐步意识到在人生的关键时期,他犯了许多严重错误,并差一点误入人生歧途。根据他的转变,我趁热打铁,继续与他交流学习意识、就业意识、法制意识、道德意识,这心灵的呼唤、思想的洗礼、人格的塑造,促使他决心做一个让人尊重的人、对集体和社会有用的人。

2. 细心观察,及时鼓励

人总是有情感的,这就要求班主任对缺乏自信的学生要细心观察,加倍地进行耐心教育,多给予关心和帮助。在这个过程中,要切实把人本理念纳入现代德育管理中,并始终坚持关心爱护学生和严格要求学生相结合的原则,循循善诱,体贴照顾。秋瑾曾说过:"水激石则鸣,人激志则宏。"言下之意,人是需要激励的,对人只有施行有效的激励,才能使他们精神振奋。所以,我在转化王同学的过程中,细心观察,一旦捕捉到他的闪光点,就及时给予鼓励和表扬,使他逐步有了自尊、自爱、自信和自重的意识,逐步培养了他的集体荣誉感和团体协作意识,使他逐步具有了追求目标和形成了成人意识。当然,这种转化的背后,班主任需要付出艰辛的努力,也会有酸、甜、苦、辣,但会为了耕耘之后的收获而无怨无悔。

3. 创造机遇,培养能力

在王同学的不良行为得到纠正且自我约束力增强之后,我不失时机地给他创造机遇,先后让他当了宿舍长、体育委员。在工作中,我一旦发现问题,就与他交流如何开展工作、遇到问题如何冷静处理,然后再告诉他要学会总结、找出不足、不断完善、争取进步。经过我的帮助和开导,他的工作态度更加端正、工作热情更加高涨、工作方法更加合理。正是他的责任心确保了工作的成效,也取得了一定的工作成绩:他负责的宿舍由原来的脏、乱、差变得干净、整洁、有序;做操的队列队形由原来的蛇状变得如一条直线,同学的做操动作由七上八下变得基本协调一致;在校运会突破零的记录,取得一定成绩。伴随着成绩的取得,他的管理能力、组织能力和协调能力也得到全面发展,自信心不断增强。

【案例反思】

要想帮助一个被认为不可救的后进生,需要大家的齐心协力、合力教育。同时,班主任的细心、耐心和爱心是根治班级同学的心理痼疾、重塑其人格尊严、唤起其人生追求,使其取得一定成绩的重要因素。转化了一名这样的后进生后,我的喜悦心情油然而生,胜似取得了一场伟大战役的胜利。由此,我感触到,班主任工作意义深远、责任重大,因为转变一个后进生,就等于为社会造就了一名合格公民、为社会创造了一定的财富。这样,中华民族的凝聚力才会增强,国家才会更加安定和繁荣。

(作者单位:江苏省句容中等专业学校)

诚信做人就这么简单

——一位学生的亲身经历

陆 霞

【案例背景】

诚信就这么简单,就是做好身边的每一件小事。在这里我要感谢我的老师,他们不仅教给我文化知识、操作技能,更教会了我如何做人,做一个有诚信的人。

诚信是全人类的一种美德、一种力量、一种财富。因为有诚信,我们彼此才有了信任;因为有诚信,我们才能够体会到安全感;因为有诚信,我们的心才能够紧紧地连接在一起。诚信的作用是巨大的,它能让我们走向成功,走向辉煌的明天。

【案例描述】

那是前年我刚进入职业学校读书时,记得一天午后,我一人吃完饭,回到教室想拿一本书回宿舍看。就在拿完书、准备出教室时,不知道怎么了,我的衣服勾到了班级的饮水机上,只听得轰隆一声,我回头一看,坏了,饮水机摔坏了,这下我蒙了,该怎么办呀?就在思考时,我突然发现教室里一个人也没有,我再伸头看看走廊里有没有人看见,走廊里也确实没有人。这时,我装做什么事情也没有发生,拿着书回到了宿舍。也不知怎么了,那天就是睡不着,心里好像有块石头压着。

时间好像过得很慢,在让人难受的自责中,我好不容易挨到了下午上课的时间。此时,我又做出若无其事的样子,和同宿舍同学一起去教室上课。"谁把我们班的饮水机弄坏了?"一个同学叫了起来。"谁呀,站出来!"另一个同学又叫了起来,接下来同学们议论开了。有同学说:"我们以后喝水可怎么办呀,谁这么坏呀,真要命,我们要断水了。"我听着这些话,心里真不是滋味,但又没有勇气站出来,现在想想真为自己当时的怯懦后悔。

好不容易上课了,竟然是班主任的课!班主任一进教室,班长就汇报了饮水机一事,班主任没有进行审问,也没有进行严厉的批评教育,而是说了几句简单的话:"请弄坏饮水机的同学,两节课后主动到我办公室承认一下错误。"然后他就开始上课了。在那堂课上,我始终低着头,不敢正视班主任的眼睛,只是埋头记着笔记,心里却一直在激烈地挣扎着:下课后我应该怎么办?是诚实地承认错误,还是……我看到有的同学也在底下窃窃私语,好像是在猜测着到底是谁犯了这样的错误。这两节课是我上得最痛苦的两节课,心里是那么的矛盾,表面上还要装出什么也没有发生的样子。好不容易放学了,我犹豫了一下,之后居然做了一个天大的错误决定,我竟然和同学们一起大摇大摆地回了宿舍。

后来,班级换了新的饮水机,但我知道这是班主任自己掏的钱。在之后的很长一段时间里,我都活在后悔与自责中。还记得刚进学校时,班主任就对我们讲:"我们进入职业学校,学习的不仅仅是文化知识,还要学习技能,更重要的是要学会做人,因为我校的育人宗旨是成人、成才、成功。"每当想到这些话,我都非常后悔,自责当初的我为什么没能主动承认错误,为什么连这么一点点的小责任都不敢承担。

【方法措施】

每当班主任上班会课提到诚信话题时,我都无地自容,想向班主任说明情况,但又鼓不起勇气。但后来发生的一件事真正让我彻底地鼓起了勇气去解开心结、承认错误并承担责任。这件事就发生在我的身边,来得就是那么简单。

那是在第二学期,学校安排我们去工厂实习,实习前班主任对我们讲:"你们是第一次去工厂实习,我不希望我们班的同学给人家留下不好的印象,希望每位同学认真做好自己的事,并保证每天不迟到、不早退,同时老师也会全程陪同你们。"后来的几天,班主任一直如他所说的一样,每天早出晚归,骑着车陪我们一起下厂实习。但有一天,班主任不是自己骑车到工厂,而是坐出租车。老师一下车,我们就看出老师病了、脸色很不好。但老师看到我们都来了,还是对我们笑了一下。此时有同学说:"老师,你已经病了,就不用来了,我们会听你话,不会缺席的。"只听见班主任说:"同学们,我答应你们每天都来陪你们的,现在这么一点小痛苦就能让老师不守承诺吗? 不会的,人要讲诚信,说出的话就要做到,好了,大家去工作吧,不用担心我,没问题。"后来,班主任真的一直陪伴我们到下班,直至我们安全回到学校。

【效果体会】

那个晚上我失眠了,我的脑海中反复出现着我弄坏饮水机的画面,还有老师生病陪伴我们下厂实习的画面。"人要讲诚信,说话算话,做错事要勇于承认。"这句话一直在我脑海里回荡,原来身边的事情就是这么有说服力。经过一个晚上的思考,我终于鼓起了勇气。

第二天一早,我就去了班主任的办公室,这次的我没有半点犹豫,进入办公室后我就向班主任说了饮水机一事,说完我觉得身子忽然轻了许多,压在心头的大石头终于被搬走了。班主任没有过多地批评我,还对我勇于承认错误的行为进行了表扬,让我更加受到触动,我同时也向老师保证会用自己的实际行动做出回报。

【案例反思】

诚信看不见、摸不着,但却时刻在我们身边,时间会检验一个人是否诚信。有人问：诚信是什么？什么时候出现？什么时候发生？其实诚信一点不复杂，一点不神秘，有时就这么简单。

当今社会充满挑战，我们如何才能立足？我想应该先从诚信做起，将诚信意识传扬下去。我们的明天一定会灿烂辉煌。

诚信是全人类的永不褪色的美德！

（作者单位：江苏省丹阳中等专业学校）

同学,上课请关机

罗彩霞

【案例背景】

近两年,学生玩手机的现象出现比较多,尤其是职校学生玩手机的情况,简直到了难以控制的地步:上课玩,下课玩,午休玩,自习玩……这个现象引起了教师们的思考。

【案例描述】

今年我带了一届高一新生,第一学期临近期末的时候来了个转学生,是在其他学校待不下去的问题学生。我观察了这个学生一段时间,除了不爱学习以外,他最大的特点就是爱玩手机,几乎时时刻刻都攥着手机,一有机会就看几眼,这也引起了任课老师们的注意。刚开始,老师们都对他进行善意的提醒,后来发现根本没用,他仍然我行我素,上课时他所做的事就是观察老师的行踪,然后找机会看手机。若老师没有逮个正着而批评他,他还会狡辩。

【方法措施】

我决定好好管管他,于是我先仔细观察他在什么课上手机玩得多、怎么玩、手机藏在哪里。经过几天的观察我发现,他桌上的书总是被堆成高高的两摞,可以帮助他隐藏自己,他把手机藏在袖管里,老师一过来,他就用手指将手机往袖管里一推,让人难以发现,确实是很有经验。

时机成熟后,在上课时,我假装不经意,其实是在留心他的一举一动,看他低头了,我瞅准机会,快速走到他的桌前,要他交出手机,他把双手一摊说没有玩手机,我一把抓住他的左袖,拿出手机,手机屏幕还亮着,这次逮个正着,他只好交出来。

手机是收了,关键是怎么处理呢?就一直保管着不还他吗?那也不行!如果学生上学、放学路上出点事,与家长联系不上,到时候老师也有责任。但是就这样还给他,那收手机就会变得毫无意义。对这个刚转来我还不太了解的学生不能用常规的方法。

一下课,这个学生就来要手机了,我当然先是老生常谈,说说上课玩手机的弊端,接着他也保证以后上课绝对不玩手机了,我看他态度不错,决定放他一马,不能一下子把他给逼急了,反正他要玩的话,我还是能抓到,就看他的表现吧。欲擒故纵也不失为一个好办法,抓他几次,他就会无话可说了。我也请其他任课老师帮忙观察他。

果然,实训的时候,他放松警惕,手机再次被收。他跑来跟我说,实训老师说了,想要手机就叫班主任来拿,他就求我帮他去要手机,我当然不肯。我说:"你保证过的,即使我要来手机也会替你保管,由我保管和由实训老师保管,结果不是一样吗?"任他如何恳求,我也没有答应,我要让这个新来的同学知道我这个班主任也不是那么好说话的。至于后来他的手机是如何要回来的,我也不知道,也没问。经过这一次,我想他应该会收敛一些吧。

谁知道,没几天又出事了,坏习惯真的是不会轻易被改变的。学生会的同学在巡视各班午休时逮到了他玩手机。我再次找他谈话,先是一顿训斥,因为他一个人的表现造成了班级的扣分,让他感到理亏,然后再跟他谈话,这样他会更诚恳一些。他告诉我说:"老师,你知道吗?我爸爸有三个儿子。"原来这个学生处于青春叛逆期的时候,父母离异后又重组了家庭,继母又生了两个孩子,他就被扔给了爷爷奶奶,也就是说,他非常缺乏父母的关爱。和一般孩子用手机玩游戏不一样,他更多的是用手机交朋友、聊天。他还告诉我,他现在对手机有瘾,根本控制不住自己,随时随地都要看手机,没有手机就跟丢了魂似的,不知所措。对于这样的学生,真的不能只是简单地收手机,而是必须把握他的心理,一步步纠正他的行为,任何简单粗暴的行为都会伤害到他。

我答应把手机还给他,但他必须写下书面保证,保证上课关机,否则手机还是由老师保管,他答应了。我知道他是不容易做到的,但我还是要再给他一次机会,教育不是一蹴而就的事情,就像诸葛亮七擒孟获一样,必须让他心服口服。真正的教育是培养孩子自我教育的能力。

大约一两周后,英语老师没收了他的手机,看来他还是没能坚持原则,不过这一次他居然两天都没来要手机,看来他说话还是算话的。我找他来我办公室,问他为什么不来要手机,他说不好意思要了,准备周末再去买一个。看看这孩子!好吧,于是我就跟他商量:"老师不是真的要你的手机,只是想纠正你的行为,这样吧,老师也不放心你路上的安全,你每天早上把手机交给我,放学来拿,先试试看白天不玩手机会怎样,期限是一星期。如果再有类似情况,就把期限改成一个月。"他说可以,他也希望自己能有点自控力。

【效果体会】

一周后,我问他感受,他说还行,偶尔下课会借同学的手机看一下。好的,看来有点效果。再后来,他真的管住了自己,起码任课老师们发现他上课时不低头看手机了。他也逐渐融入这个班级,休息时间他总是和几个同学一起聊天、打篮球,他说他原本就很喜欢篮球。在第二学期学校举办的篮球赛中,他积极参与,不仅帮忙选购篮球服,在比赛中也有突出的表现,赢得了老师和同学的赞扬。

【案例反思】

经过这次手机事件,我也进行了一些思考。谁都知道学生用手机的弊端,但是在这样的社会大背景下,也不可能绝对禁止他们用手机。因此老师们更要注重方法。我认为比较好的方法有以下几个方面。

1. 申明纪律

在新学期伊始,就申明学生违规玩手机的处理办法,初次抓到就要给予严厉的处理,以起到震慑作用。建议学校在各班设置手机管理箱,违规的同学早上把手机放进去,放学拿走。

2. 观察交流

新生班主任要注意观察每一个学生,了解学生的家庭情况、兴趣、性格等,对于不同的学生要用不一样的处理办法,做到有的放矢。还要多跟学生交流,了解他们的想法,帮助他们解决学习和生活中的困难,这样学生也会与班主任更亲近,也会更容易接受班主任的要求。

3. 适当给以机会

要说职业学校的学生身上一点缺点都没有,几乎是不可能的。不要一抓住学生的问题,就揪住不放,也不要老账新账一起算,更不要单凭怀疑就"冤枉"学生。比如,发现学生玩手机,在无法做到证据确凿的情况下,就不要叫学生交出手机,不能把学生逼到死角,否则他们会抓住你的弱点,让你处于被动,这时不如做善意的提醒。即使证据确凿,也要给学生改正的机会,不要让学生跟你对立起来,有机会的话,"相逢一笑泯恩仇"的结果会更好。

4. 培养兴趣

可以利用学校的社团活动或者主题班会等,发现学生的兴趣爱好,给他们时间、机会,让他们把注意力从手机转移到活动中去。渐渐地,学生们会发现生活中还有很多值得关注的事情。

教育家苏霍姆林斯基说过,在每个孩子心中最隐秘的一角,都有一根独特的琴弦,拨动它就会发出特有的音响,要使孩子的心同你讲的话产生共鸣,你自身就需要同孩子的心弦对准音调。

春风化雨,润物无声,班主任工作是一门科学,更是一门艺术。我们是学科教师,是德育教师,更是学生的人生导师,让我们用爱、用尊重、用信任拨动学生的心弦,奏出美妙的音乐,引导学生的人生!

(作者单位:江苏省润州中等专业学校)

人皆可以为尧舜

曹存明

【案例描述】

一大早,我的办公桌上就放着我们系部某班主任送来的要求开除该班陈同学的申请和相关违纪调查材料。虽然陈同学入校的时间不长,但是早已经是大名鼎鼎。他是一名往届回读生(来我校前已经进入社会),因为年龄小加之没有什么技能,无法找到像样的工作,后经人介绍来到我校机电系某班就读。他的文化基础较差,学习自觉性不强,课上要么玩手机,要么睡觉,不然就随便讲话,令任课老师相当头疼。此外,陈同学在入学不长的时间内因打架、吸烟已多次受到学校校纪处分。为此,他所在班级被扣除不少常规考核分,说句不好听的,陈同学的到来确实不是什么好事。开除这个学生,对任课老师、班主任来说是卸掉包袱的最省事的做法。

面对班主任的处理申请,我深深感受到任课老师和班主任的不容易,但我想起了在招生时对学生及家长所做的种种承诺,简单的开除虽说能省去不少烦心事,但在某种程度上我们将失信于学生、失信于家长。再说了,教书育人不正是我们的职责吗?育人可不能轻易放弃这样的学生啊!如果我们能抓住时机,改变教育方法,说不定就能挽救一个问题学生了!我把这想法跟学工处的领导做了汇报,得到了领导的肯定,领导同意做班主任及任课老师的工作,决定给陈同学机会,设法以他为研究对象,找出问题成因和解决方案,并专门成立对陈同学的帮扶小组:班主任任组长,两名任课老师为成员,我为顾问。

帮扶小组的第一件工作是全面了解陈同学。陈同学家住新区农村,父母没有太多的文化,家里的主要经济来源是种植几亩蔬菜田和经营麻将室,平时父母很忙,几乎没有时间管孩子,陈同学的表现也在情理之中。此外,当了解到陈同学在学校的表现后,陈同学的家长常用的教育方法就是责骂,要不就棍棒相加。他家长最怕接到学校老师的电话,陈同学也非常反感老师把父母叫到学校来。

陈同学虽说有很多"恶习",但同学似乎觉得他还好。从同学那里了解到,陈同学乐于助人,有时候还能帮助迟到的值日生完成打扫工作,虽然篮球技术不算特别出色,但喜欢打篮球,比较冲动,对学习不感兴趣。

【方法措施】

针对陈同学的实际表现,帮扶小组制定了以下帮教措施:

第一,为严肃校纪、教育陈同学,帮扶小组向学校申请给予其必要的纪律处分,以此让犯错的陈同学明白,做了错事得付出相应的代价,不以规矩,不成方圆。

第二,以班级为单位,召开"遵纪守法、做文明中职生"教育训诫会。利用该训诫会向学生指明哪些是该做且必须做好的,哪些是不能做且必须坚决杜绝的。

第三,改变以往电话通知家长来学校的做法。帮扶小组对陈同学进行了家访,明确告知家长陈同学的表现情况及发展趋势,以引起家长的重视。此外也让家长明白,负责的家长不仅仅提供孩子上学的生活费用,重要的是在思想上、精神上给予孩子必要的关心,尤其青春期的孩子需要的是家长的指导,而不是打骂。

第四,定期找陈同学谈话,通过谈话拉近师生距离,既让他感受到老师的关心和帮助,又让老师更全面地了解他。谈话以肯定表扬为主,肯定他的优点(比如乐于助人),表扬他取得的进步(比如他在课堂上全天没有睡觉和使用手机),让他逐步树立信心、具有克服困难的勇气。陈同学的班级人际关系还不错,帮扶小组破例"提拔"他为宿舍长,让他负责宿舍的工作,给他搭建为班级学生服务的平台。

受陈同学事件的启示,学校还乘势改革了相关的德育工作:

第一,组建学生社团活动。学校根据学生的意愿,组建了包括篮球社团在内的共 20 个学生社团,不仅丰富了学生的课余生活,也进一步拓展了包括陈同学在内的学生的兴趣特长,增强了学生的成长自信。

第二,重构学校考核方案。学校考虑班级的差异性,"宽容"像陈同学这样的有失范行为的学生及其所在班级,鼓励班级积极采取措施转化有失范行为的学生。

第三,在我校以系部为单位试点成立班级教育小组。每个班教小组设组长一名,核心成员由两个任课老师、部分学生干部和部分学生家长组成,班教小组的主要工作是牵手学生(帮扶学生)和联系家长,逐步实现对传统班主任负责制的全面改革。

【效果体会】

经过上述系列工作,陈同学的家长认识到了陈同学问题的严重性,坦诚自己在教育孩子方面存在着不足,愿意与学校配合,加强对孩子的教育和引导。难能可贵的是,陈同学的家长每隔两周主动来学校了解他的表现。

陈同学还向班教小组申请承担体育委员的工作。冬季晨跑时,他带领学生跑操,步伐整齐,口号响亮,赢得好评。在课堂上,除了偶有上课睡觉现象外,陈同学再也没有其他违纪行为,但因为学习基础太差,学习成绩进步不大。

【案例反思】

1. 学校、家庭紧密配合是教育转化失范行为的学生的关键

从陈同学的事例中我们感到学生失范行为的成因是多方面的,其中家庭原因占很大比重。因此,要教育转化有失范行为的学生必须争取家长的理解、支持与配合。首先要让家长充分意识到自己的责任。其次,帮助家长摈弃不正确的教育方法,孩子出现问题多数是因为教育方法存在问题。第三,对家长要给予适当的表扬,肯定孩子的进步凝聚家长的努力,认可家长功不可没,帮助家长树立信心,让家长相信孩子的问题是可以解决的。第四,与家长一起制定切实可行的帮教措施。"家长怕接老师的电话"到"家长主动来学校跟老师了解情况"的转变,是陈同学行为转变的一个很重要的因素。

2. 教育转化有失范行为的学生时,应当将"情"放在首位

我这里所说的"情",有如下几层含义:首先是教师对教育的情。这是促使我下决心留下陈同学,并决定"改造"其失范行为的第一原因。热爱教育、为学校教育工作负责,应成为教师工作的出发点和立足点。其次是教师对学生的情。有了这份情,教师对学生就多了几分宽容;有了这份情,教师对学生就多了几分期待;有了这份情,教师就多了些耐心、多了些方法、多了些和家长的沟通。假使没有了这份情,便失去了教育转化有失范行为的学生的基础。班教小组的牵手制度、对学生的每一次谈话,都能让学生体会到教师的这份情。一旦学生体会到教师的这份情,便有了严守校纪班规、完善自我的自觉性。第三是学校对教师的情。有了这份情,才有学校考核制度对班级的"宽容",也才有革新考核制度的可能。第四是学校对学生的情。这份情为转变有失范行为的学生创造了良好的育人氛围。有了这份情,学校组建了学生社团;有了这份情,学校成立了班教小组;有了这份情,学校采取了更多措施帮扶有失范行为的学生。

3. 教育转化有失范行为的学生的积极期待策略

在充分理解、尊重学生的基础上,形成对学生的切合实际的积极期待,可激发学生改善行为习惯的自觉性,这有利于激励学生良好的行为表现,促进学生潜能的发挥。在教育转化陈同学的过程中,我们的积极期待策略体现在:(1)在班级内,让学生学习中职生文明守则是积极期待的开始。通过学习,给全班同学指明了努力的方向,让学生明白这些是社会期待的。(2)班教小组积极关注陈同学和对陈同学进行全面了解,发现了陈同学的若干优点,这正是班教小组成功转化陈同学的原因。(3)让陈同学担任宿舍长和体育委员,就是让陈同学体会到:我自己其实是能做好的,其实是能够成为好学生的。而这,正是我们所期待的。

4. 教育转化有失范行为的学生是一项艰巨的长期工作

对陈同学的教育转化工作取得了一定的成效。但不可否认,甚至可以肯定的是,对陈同学的教育过程将是一个复杂的过程,是一项长期的工作。比如,陈同学的学习仍没有大的进步,在课堂上仍有打瞌睡的情况,所以说,陈同学可能还会出现问题。但必须坚信,陈同学在向着好的方向转变,因为不仅班教小组的老师在努力,他本人、他的家人也在努力。我们需要做的是整合教育资源,形成教育的合力。

通过陈同学的教育案例,我认识到,对于转化有失范行为的学生,教育不一定是万能的,但不实施教育是绝对不行的。我不由得想起了《孟子》的一句话,"人皆可以为尧舜"。这不正是我们教育者的责任所在吗?

(作者单位:江苏省润州中等专业学校)

王同学不愿周末加班的教育启示

杜闽生

【案例描述】

2012 年 6 月,我区环卫所汽车修理厂急需两名实习生顶岗,缓解该厂维修工不足的现状。该厂管理人员通过区城管局主动联系上我校,学工处根据他们的要求安排了两位男生前去顶岗实习,王同学就是其中的一位。王同学聪明、好学,动手能力较强,为人热心,嘴巴特甜。但是他也自负、任性、脆弱,容易冲动,易感情用事。

在汽修厂实习了两三个月,王同学就因脑子灵活、维修技术进步快受到单位领导和师傅们的赏识,又因为嘴巴甜、为人热心,更是让师傅们喜欢,单位已决定将王同学送到南京接受更专业的汽修培训。可是,好景不长,单位打电话过来,说近日在王同学的身上接连发生了几件事情,让单位很失望。

原来,这几天汽修厂车辆返修率高,由于周末环卫车比平时更忙,单位要求维修工周末加班维修故障车辆,确保环卫车辆的出勤率。可是王同学认为周末是法定休息日,尽管车辆确需维修,但自己这段时间很辛苦,需要休息,不同意周末加班。虽经单位领导和师傅劝说,但他仍坚持己见。周一上班后,单位领导找他谈话,严厉批评了他不顾大局的做法。王同学当时没有什么反应,过了两天,他向厂里请假一天,说家里有急事。之后,他没有履行任何请假手续,又连续两天没有上班。由于汽修厂本来就人手不足,这段时间维修任务又重,王同学的表现严重影响了汽修厂的工作。连平时赏识他的师傅打电话给他,他也不接。因为王同学的实习是城管局领导和我联系落实的,所以汽修厂便将情况反映到了我这里。

【方法措施】

接到汽修厂电话后,我立即将情况告诉了王同学的班教小组长,并安排他和学工处的一位老师立即到王同学家去家访,进一步了解王同学的情况,并教育王同学,劝说他早点回单位上班,将损失降低到最低。

两位老师来到王同学家,果然看到他正激情四溢地观看着NBA比赛直播。老师来家访了,王同学赶紧关掉电视,请老师入座。两位老师开门见山,询问他为什么不去上班而在家看电视。王同学见两位老师有备而来,就快人快语地把心思告诉了老师:第一天请假确实是家里有急事,办完事情后,想到周末因为没有加班,而遭到领导的批评,心里堵得很,就不想再去上班了。两位老师听后,首先严厉批评了王同学:“你现在是实习学生,也是单位员工,既然是单位的一员就要始终以单位的利益为重。当单位需要你的时候,你要为单位分忧。领导批评了你,你不但不能虚心接受,反而任性地想扔挑子走人,这些都不是一个负责任的员工该有的态度。更何况你们单位特殊,你们的工作意义重大,事关千家万户,甚至可能就会影响到你自己所在的环境,你说说看单位领导考虑加班抢修是否应该呢?”一席话说得王同学低下了头。

看到王同学心里有所触动,两位老师又从“学生”如何变为“职业人”及员工职业素养方面耐心地对王同学进行了教育。学工处的老师还适时对王同学进行了相应的职业心理辅导,包括适应工作要求(如加班、轮岗)、处理好人际关系(如和领导或师傅的关系)等,说得王同学连连点头称是。

“对于你的事情,你们单位主动和学校联系,就说明你的工作和技术还是受到单位肯定的,他们也不愿意这么轻易地就放弃你,这样做也是为你能继续到单位正常实习留下了余地。希望你能正确认识自己的错误，主动到单位承认错误，保证以后不再出现这样或那样的问题。学校可以为你和汽修厂进行沟通。"班教小组长的这一番话彻底打消了王同学的顾虑和迟疑，他终于答应到单位承认自己的错误，并保证以后一定以单位利益为重，服从大局，正确处理好单位的人际关系，认认真真做好本职工作。

【效果体会】

家访后，两位老师向我详细介绍了具体情况，学校学工处主动和区环卫所汽修厂进行了沟通协调，在王同学主动承认错误后，汽修厂对王同学的错误不予追究。

经历这次风波后，王同学工作更加努力，为了确保环卫车辆的正常运行，他跟着师傅们经常加班抢修，他的维修技术也提高得很快。实习6个月后，单位选送他到南京进行了为期一年的专业汽车维修技术培训。期间，王同学在中专毕业后，单位就及时和他签订了劳动合同，现在他早已成为了单位的技术骨干。

【案例反思】

第一，中等职业学校的培养目标是为社会培养具有较高职业素养和一定技术专长的应用型技能人才。简而言之，就是为社会培养出众多的合格劳动者。在这个特定目标的引导下，中职生在校期间要逐步从"自然人"变为"社会人"，从"学生"变为"职业人"。在身份的蜕变过程中，其内在的素养，特别是具备作为"社会人"和"职业人"该具备的行业所特有的职业道德是必不可少的条件。此案例中的王同学虽然聪明、好学、动手能力较强、为人热心，但是，被领导批评后，不仅不能虚心接受批评，反而消极对待，甚至擅自离岗，这都是缺乏职业道德观念的表现。长期以来，在中职实习生中不乏这种情况，这是我们职业教育中一个沉重、也许将是永恒的问题。

第二，一个合格的社会劳动者需要具备相应的职业心理素质，包括适应职业工作要求、处理好人际关系等。工作中有些问题可以通过自身努力来解决，有些则不然。在复杂的职业情景中，学生的心理承受能力和心理调节能力是至关重要的。王同学不能理解单位周末加班的重要意义，心里抵触加班，这是不能理解和适应职业工作要求的结果。他的心理承受能力又差，更不能自我调整好心态，差点就酿成更为严重的后果。尽管王同学平时待人热情，深得领导和师傅的赏识，但是有了思想问题，其性格中的自负、任性、脆弱、容易冲动的弱点占据了上风，连招呼都没有打就擅自不上班，师傅电话也不接，这不仅是责任和纪律观念的淡薄，也是不善于处理人际关系的表现。如果王同学有一定的心理承受能力，受到批评后，能够正确地自我调节，就决不至于有后面的事情发生。

第三，中职学校要真正重视和加强学生的社会适应能力教育、情感教育和挫折应对教育。切实提高中职生的素养，特别是在实践工作中进行素养教育刻不容缓。当代中职生是一个优点与缺点并存的群体，我们既要看到他们朝气蓬勃、富有活力的一面，也要正视他们的问题和弱点。那种认为当代中职生"年纪小小、思想复杂、行为散漫、难以管教"的观点，会妨碍我们正确认识中职生；那种认为当代中职生是"聪明好学、热情开朗、见多识广、敢作敢为"的评价，又未免显得过于乐观，会使教育者忽视学生的问题和弱点，而放弃对他们的严格要求。我们只要客观地正视他们的优缺点，扬其长、避其短，正确加以引导，绝大多数的学生一定会像王同学一样在工作实践中历经磨砺，不断增强自己的社会适应能力和耐挫能力，尽显青年才俊本色。

第四，对中职生的教育要"对症下药"、方法得当、时间适宜，才能达到应有的教育效果。针对王同学的问题，两位老师及时家访，拉近了师生的心理距离；批评虽然严厉，但是不偏不斜、正中要害，王同学无话可说；因势利导地教育，晓之以理，让王同学明白了道理所在;对王同学进行内心疏导,标本兼治;最后,让王同学吃下定心丸,顺坡下驴,指出解决问题的方法。整个过程无不体现出两位老师高超的教育方法和艺术,因而顺利打开了王同学的心结,使问题得到圆满解决,促成了王同学如今在事业上的成就。

(作者单位:江苏省润州中等专业学校)

拖地风波

赵海洋

【案例描述】

李同学是班上一个逆反心理较强的学生。平日里，只要老师批评一件事，即使没有指出当事人的姓名，甚至与他毫无关系，他都会当即表示强烈反对。一天早读课，学生在背书，我在教室里看到地面有污迹，想到高三学生学习时间紧，为了帮他们节省点学习时间，我便拿起拖把拖起地来。刚刚拖过教室南边的过道，地面还没有干，下课铃就响了。李同学要到教室前面的饮水机那里倒水，就径直从我刚拖过的地面上走了过去。我下意识地说了一句："你不能从旁边走呀？"我讲话的音量和平常并无差异，哪知道他却气哼哼地喊了一句："叫什么叫？大不了我给你拖就是了！"他的话让我和全班同学都大吃一惊。"啊？你还有理了？你妈就这么养你，你爸就这么教育你的？"他回了一句："又不要你教育。""那你还来学校干什么？"我反问道。这时，有同学讲了一句："有点过了。"我们也就索性都不再说话了。这时上课铃声响起，同学们陆陆续续进入教室，又有一名学生不小心踩到我刚拖完的地面上，我点了一下他的名字，他笑嘻嘻地说："不好意思，没看到，我帮你拖了吧。"我说："算了，你也不是故意的。"这事也就算过去了。通过余光，我发现李同学一直在看着我们，想必这会儿，他的内心也不是滋味吧。

【方法措施】

1. 换位思考,理解至上

静下心来,我想了想,觉得这里面一定有什么我不知道的隐情,导致他在和我讲第一句话时,就有如此激烈的反应。我很想问问他,但终究还是不忍心揭他的伤疤,就打消了这个念头。可我知道,他来自一个单亲家庭,家中只有一个年迈的父亲,长期缺乏母爱导致他在思维方式上有些与众不同。想到这些,我也就不那么生气了。

2. 自我教育,尊重为先

尊重是教育的前提。既然他已经看到自己和另一名同学对待同一件事的处事方式形成了鲜明的对比,我想他也一定已经有了思考。我又何必要对他横加指责,增加他的心理负担呢?时间可以抹平一切,那就让一切都随风逝去吧!

【效果体会】

有一天,下课时我在教室使用电脑,他故意站在我身后,看我在做什么。我知道这是他表示友好的方式。经过此事,我们的学习、工作、生活依旧,我们双方好像达成了某种默契,谁都没有再提此事,好像它从来就没发生过一样。"此时无声胜有声",尽管我们没有用言语表达出自己的悔意,但双方都已经在心里原谅了对方。不打不成交,现在他经常主动跟我聊聊他的思想、学习状况,我们俨然已经成了好朋友。在后来的学习过程中,他也比以往更加认真了。过去上课,他听一会儿,低头玩一会儿,现在不同了,整节课,他都坐得笔直,很多时候还能积极回答老师提出的问题。

【案例反思】

为师者,要有宽广的胸怀,要能够包容学生所犯的一切错误。更何况在此过程中,我也是有过错的。在学生情绪激动时,我不应该自己先乱了阵脚,情绪失控。这样无异于火上浇油,不利于问题的解决。

此外,学生认识错误的方式有很多种,让学生低头认错未必是最好的处理方式。学生的自我教育有时能达到意想不到的效果。单亲家庭孩子的心灵是脆弱的,需要得到别人的理解和关心,更需要得到老师的呵护。对待这样的学生,老师更要谨言慎行,要用一颗火热的心去温暖他们内心的坚冰,帮他们走出理解的误区,教他们做人、做事的方法。

第一,"冲动是魔鬼",教师要学会做消防员,学会帮助学生缓解冲动情绪的方法。当然,前提是首先要保证自己的内心平静。唯有如此,教师才能冷静思考解决问题的办法。

第二,教师要善于变换教育手段,不能一味责骂学生。过去当学生调皮不听话时,教师往往在全班同学面前对其大肆批评。一阵"狂轰滥炸"过后,学生颜面尽失,这只会让他与教师之间产生更深的心理隔阂,让全体学生更加同情当事人,使教师站在学生的对立面上,不利于教育效果的实现。

第三,教师不能过分重视所谓"师道尊严",要平等地看待学生。有些教师总喜欢以威严换取尊严,但这种所谓的"尊严"不过虚有其表。教师只有充分尊重学生的人格,并将高尚的品德和真诚的情感付诸教育,才能赢得学生的信任和尊敬。

(作者单位:江苏省丹阳中等专业学校)

一个中职生失范行为矫正的案例

王平原

【案例背景】

目前对中职生失范行为的研究,越来越引起中职教育者的关注。家庭教育作为学生终身教育的重要组成部分,有着不可替代的作用。但是,长期以来,由于社会忽略对中职生家庭教育的引导,使一些学生家长认为教育只是学校、老师的事情,对孩子的成长和发展漠不关心。有的家长把中职教育视为一种低层次教育,不认可中职生的发展前途,认为读职业学校只是混时间、拿个文凭,忽视对孩子的感情投入和精神关怀。因此,对于中职生失范行为的矫正,对中职生的长期发展有重要意义。

【案例描述】

下课铃响了,我拿着书本若有所思地走进办公室,想着这两节课的得与失。刚刚坐下来,数学老师就一脸愁容地走过来对我说:"刘同学今天的作业糟糕透顶啊,不但错误最多,而且少写一题。看来你要多找他谈谈喽!"接着我与数学老师交流了刘同学的平时学习表现。他刚才也在我的课上打瞌睡,被我喊起来回答问题,才没有继续睡觉。接下来我注意观察刘同学后发现,他上课经常走神、打瞌睡,不能按时完成作业,作业写得潦草,往往马虎应付。尤其是假期作业质量较差,大部分作业都不能完成。鉴于他以往表现良好,我联系了他的家长,与他进行了一次长谈,当着家长的面,说出老师对他的期望,并指出近段时间以来他的种种不良表现,同时要求他把所有精力用在学习上,努力考上自己理想的大学。然后我顺势引导,并鼓励他只要态度端正、踏实认真,就有考取本科的希望。他也保证以后会认真学习、认真做作业。然后我也松了一口气,以为在这次教育后,他会有很大的改变。我带着期望等来的并不是刘同学积极的转变与进步,没过三天,他的学习状态又回到原来的样子,这让我很焦虑,我想刘同学不应该是这个样子的,一定是另有隐情吧。

【原因分析】

针对刘同学的行为,我再次拨通了他家长的电话。他母亲来校后,我把孩子的反常表现与她进行了交流,发现他母亲几次欲言又止,最后才告诉我刘同学初中时就上网成瘾,一直没有改掉,由于害怕学校可能会对他进行严厉批评,所以上次来学校时并没有告诉我实情。但是刘同学并不领母亲的情,上周末放学后就没有回家,最后家长在附近的网吧找到了他,怒火中烧的父亲狠狠地打了他一顿。这样我就明白了刘同学以往的种种表现都与上网成瘾有关。

问题根源找到了,可是我的心里却憋着一股"气",久久不能释怀,一方面,因为这个母亲对自己的儿子如此纵容,而父亲又如此粗暴;另一方面,我作为班主任为学生的成长与发展担心,对口单招的学生怎么会这样!于是我接下来对刘同学多次进行谈心教育,但效果也并不明显。其父亲的粗暴惩罚让他感到很伤自尊,不愿来校上课。

【方法措施】

与家长沟通后,也并没有想出什么好的解决方法。于是我和任课老师商量决定,对刘同学进行家访,具体了解他的家庭情况,希望对改善他的生活习惯和学习习惯有所帮助。

一个周末,我和班教成员(一名任课老师)到刘同学家里家访。他父亲不在家,他母亲热情地接待了我们,刘同学也出于礼貌为我们倒上茶水,神情沮丧地看着我们。我抬眼看到刘同学的床头挂着一幅书法:自强不息。我为了打破稍显沉闷的局面,和他聊起这幅书法,得知这幅字是他以前的一位邻居爷爷送给他的,以勉励他努力学习、不要放弃。他的话一下子多了起来,先前沮丧紧张的神情慢慢消退了。接着我们聊到他与父亲的交流很少,一犯错父亲就经常打骂他,这让他很难接受,有时很自卑,这就直接影响了他的学习,最后他也表达了想考大学的愿望,愿意下周一去学校上学,并保证以后不会偷偷去网吧了。

然后我们又与他的父亲进行了电话联系,交流了他在教育孩子方面的一些不当之举,他父亲的言谈中流露出一种无奈和放弃的思想,但为了能使自己的儿子有所转变,也欣然接受了我们的一些建议。同时,我也让班干部悄悄动员学生准备着下周一的班会,为迎接刘同学的回班做准备,我想用集体的温暖力量使他回归。

【效果体会】

正是这次成功的家访,使他有了很大的转变。

在周一的班会课上,大屏幕上缓缓出现一行字:刘同学,我们需要你!伴着温暖的轻音乐,每个同学站起来对着刘同学真诚地说出一句激励和祝福的话。在这温馨的氛围中,刘同学幸福地流着眼泪。我想此刻他感受到了集体的温暖,感受到了集体的关爱和力量,这足以让他重拾信心和勇气。

在接下来的学习过程中,虽然他还会偶尔上网,但是可以看出他已经将主要精力放在学习上了,学习成绩也不断进步,学期的表彰名单中出现了他的名字:刘同学荣获突出进步奖。这既是我对他的鼓励和认可,更是他不断努力的结果。在当年的对口高考中,他虽然没有如愿考上本科,离本科线只差一分,稍显遗憾,但他考上了一所不错的公办大专。高考过后,他的父母带着他来到学校向高三的所有老师表达了感谢。

【案例反思】

通过对刘同学失范行为的矫正这一案例,我们深切地认识到,中职生的教育问题需要我们老师寻求恰当的教育方法和家校策略,才能取得明显的效果。然而长期以来,我们往往忽略了对职校学生的家庭教育的深入了解。在矫正中职生失范行为的过程中,寻求家庭支持的策略显得尤为必要。

一、家庭教育的家长策略

1. 父母学做孩子的引路人

由于时代和生活背景的不同,刘同学和他的父母在价值观念、心理状态、生活习惯等方面都存在着一定的差异,于是形成了一道代沟。要使"代沟"变浅、变窄直至被填平,就要建设民主型家庭。父母要以平等、民主的姿态与孩子相处和交流,要留出和孩子接触的时间,听孩子讲话要专心、耐心,要倾听他们的诉求。父母要带头学习,解答孩子学习和生活中遇到的难题,成为孩子学习的榜样和人生的引路人。

2. 父母期待要先成人后成才

新教育实验发起人朱永新指出:"理想的父母应该是把孩子的人格健全、道德完善放在首位,努力培养孩子追求卓越、独立自主、持之以恒、勤俭节约等个性品质和良好习惯。"家长培养孩子的理念应是先成人后成才,应注重孩子良好习惯的养成。习惯的养成是一个长期的过程,要反复抓、抓反复,使孩子努力实现由他律向自律转化,做到在心为德,施之为行。刘同学的父母在家对刘同学的教育应以德育为先,既不能溺爱纵容,也不能简单粗暴。

3. 身教大于言教

苏联教育家马卡连柯曾说过:"父母对自己的要求、父母对自己家庭的尊重、父母对自己一举一动的检点,这正是首要的和最基本的教育方法。"言传身教是教育的一条基本准则,家庭教育的最大特点就是潜移默化。孩子可塑性大、模仿力强,这是孩子获取认知的一个途径;在孩子的成长过程中,父母是他们学习和模仿的主要对象,父母的行为习惯、言谈举止、为人处事、是非标准、道德观念等时时刻刻对孩子产生影响,不是积极的,就是消极的,不是正面的,就是负面的。因此,家长要以身作则、言传身教。

二、家校教育的整合策略

教育家苏霍姆林斯基说过:"只有学校教育而无家庭教育,或只有家庭教育而无学校教育,都不能完成培养人这一极其细致复杂的任务。"因此,学校教育和家庭教育的整合是必不可少的。

1. 探索家访新思路,提高家校整合效应

要发挥家访在加强家校教育中的作用。在家访中,班主任要主动预约,由家长确定拜访时间,让家长从内心感到教师的热情真诚、认真负责,这是班主任得到家长配合的情感基础。对学生存在的问题加以认真分析,查找原因,寻求对策,考虑如何与家长相互协作。同时,要留心观察,捕捉家访的最佳时机,不能在学生出了问题后才家访,否则会降低教育效果。要认真听取家长的意见、回答家长提出的问题,要形成双向互动。

2. 创新家长会形式,提高会议实效性

创新家长会的形式,要从一人唱"独角戏"到老师、家长、学生同唱一台戏。开会时不再是班主任站台上、家长坐台下,而是大家围成一圈,相邻而坐。学生也不能一概被排斥在家长会之外。学校目前的班教小组制度中的"月诊断"就很好地解决了这一问题。既有班教组长和核心成员,也有学生家长和学生代表等重要成员,会议可以就教育中的共性问题进行理论探讨,或做个案分析,或开经验交流会,或就一两个突出问题进行对话交流,或就学生共同关心的问题进行共同协商解决,从而提高了家长会的实效性。

3. 创建沟通立交桥,拓宽家校联系渠道

学期开始,班主任可以利用第一次家长会,确定家长代表,成立家长委员会,并把各位任课老师的信息告知家长,让家长知晓学校的基本信息,便于家长进行有效的家庭教育和家校联系。要建立"家校通",实现全信息交流,让家长可以从学校网站了解学校的政策、规划、活动等,也可以在学校论坛上发表自己的意见和建议。要鼓励老师建立博客或班集体的 QQ 群等,实现老师与家长的互动,学生与老师、家长与家长、家长与学生之间的沟通和联系。还可以通过创办家教沙龙等形式多样的交流平台,使家长之间、家长与教师之间进行多方位的时空对话与交流。这样,通过多种途径和方式,促进家校形成合力,努力把学生培养成有社会责任感和社会道德感的有用人才。

　　总之,中职生的家庭教育是职业学校教育中的薄弱环节,而要矫正中职生的失范行为,家庭教育是保证。家庭教育是整个教育的基础,它既决定着学校教育的起点和水平,又决定着社会教育的基点和发展。树立现代家庭教育理念,采用适当的教育方法和手段,对于提高家庭教育效果至关重要。

(作者单位:江苏省润州中等专业学校)

中职生早恋问题之我见

王萍芳

【案例背景】

早恋是学生青春期的产物。在这个时期,学生涉世不深,缺乏必要的思考判断,更多的时候是跟着感觉走。感觉有共同语言,就会在思想上达成共鸣;或感觉到异性有突出表现及特长,如学习好、长相好、有特长等,往往就会对他(她)们产生倾慕之情。有人说过,早恋是一朵带刺的玫瑰,我们常常被它的芬芳所吸引,然而一旦情不自禁地触摸它,又常常被无情地刺伤。那么,班主任该怎样处置,才能很好地抑制这符合人情、却又不合时宜的早恋现象,帮助学生科学、理性地度过这一成长期呢?

【案例描述】

张同学(男)与王同学(女)是我班的学生,两人性格都较内向,成绩处在班级中上水平。我发现他们二人课后常坐在草坪上聊天,其他学生也反映他们周末经常在学校附近约会……种种迹象表明,他们"恋爱"了。

【方法措施】

早恋既是中职学生个体成长到一定阶段的生理、心理反应,又是在错误的时间盛开的"罂粟花",那么,我该如何去教育他们呢?正面批评学生,肯定会出现抵触情绪,甚至有可能适得其反,于是我决定私底下找他们一对一地谈。首先和王同学聊,关心她的学习和生活,先让她相信老师是替她着想的,让她对我有了信任感。王同学很快就承认了他们之间的关系,并开诚布公地谈了他们之间的状况。原来王同学的母亲早逝,王同学在家里得不到足够的疼爱,自小性格孤僻,不善与同学相处,而张同学则性格内向、从小自卑。他们俩初中时的学习成绩都不是很好,上职校后又被编入同班,通过进一步接触之后,有同病相怜之感,来往甚为密切,于是过早地坠入了"爱河"。但是他们认为这样的关系并不影响学习,两人反而可以在学习上互相鼓励、在生活上互相帮助。了解情况之后,我又找了张同学谈话,他也承认了,并且觉得学校包括老师没有必要制止他们谈恋爱。后来我让张同学与王同学两人一起坐下来和我聊聊,并适当抛出几个问题:你的心理和生理成熟了么?你有能力承担相应的责任么?你在经济上能够独立吗?你有足够的时间和精力吗?维系爱情的还有责任、信任、理解和忠诚,你现在具备这些吗?

从谈话中可以看出,他们对早恋的认识比较肤浅。于是我用诚挚的语气给他们分析了中职生为什么不能早恋的原因,如中职学生思想上尚未定型、心理上尚未成熟、经济上尚未独立、事业上尚未定向等,让他们充分认识"只要两个人志同道合,谈恋爱不会影响学习""男性力 + 女性力 = 两人的合力"的说法都是错误的。世间万物各有时节,过早地成熟,就会过早地凋谢,既然现在处于春天,就不要去做该在秋天做的事。而且我用了大量事实证明,中职生谈恋爱后,感情往往为对方所牵制,学习没有不分心的,成绩没有不下降的。最后,我劝他们目前以学业为重,保留真挚的同学友谊。

自那次谈话以后,我时常对张同学和王同学表示关心,让他们多以学业为重,并联系了他们的父母,让家长对子女多点关心和爱护。其实他们早恋的原因就在于性格都内向,又同病相怜,缺少家庭关爱。抓住这些根本原因后，我在平时给了他们更多的关心，他们只要学习进步，我就大力表扬，家长也能很好地配合，也给了孩子加倍的关怀。于是，他们认识到了老师与父母的良苦用心，也渐渐地回到正常的轨道。

【案例反思】

一、正确处理中职学生早恋现象应把握的基本原则

早恋是中职生个体成长到一定阶段的正常生理、心理反应的产物，我们大可不必把它视为洪水猛兽，从而横加指责。如何正确处理中职生的早恋现象，我认为应该把握以下两个基本原则。

1. 堵截与引导相结合的原则

中职生早恋现象就像那泛滥的河水，堵是堵不住的，教师就如大禹，治水重在因势利导，顺应其自然的流向，把其引入大海——专业知识、实践技能的大海。一方面，教师应该通过严格的管理，规范学生的行为，不给早恋滋生的土壤；另一方面，更重要的是，教师应积极引导，转移学生的注意力，把学生的时间和精力引导到最终目标——学习上。严格管理也好，循循善诱也好，预防和制止早恋现象的最终目的是职校学生对早恋行为的自我批判和自我抵制。

2. 学校与家庭相结合的原则

分析中职生早恋的成因，缺乏父母的关爱或父母教育不当的因素占很大的比例，这给职校的老师们留了个大难题。学生在校期间所接受的教育和引导，往往抵不上学生在家中半天的耳濡目染，这就是所谓的"5＋2＝0"或"5＋2＜0"现象。越是这样，越需要联系家长，一起对学生进行教育和引导，巩固学校教育的成果。学校和家庭相结合，最关键的是要转变家长的教育理念，促使家长对孩子倾注更多的关爱，要教会家长教育孩子的方法，让他们对孩子因势利导。学校应建立畅通的家校联系渠道，让家长能及时了解孩子的情况并配合学校教育。教师在教育学生的过程中，应及时

和家长沟通,以全面把握学生状况,并谋求家长的支持,让学校教育不再"孤单"。

二、有效预防和解决职校生早恋现象的途径

尽管职校生的早恋现象是青春期学生正常的生理、心理反应,但早恋行为给他们的思想、情感、学习造成的不良影响依然深远,尤其是对自我控制、自我保护能力都相对较弱的职校生而言,其危险性更大。找到一条能有效预防和解决职校生早恋现象的途径,是职校老师们的愿望。

1. 正确界定早恋的性质,让友情之花盛开

在正常情感欲望的驱使下,青春期的少男少女对异性表现为两种截然相反的态度:一种是自我封闭型的冷漠,就像赵传所唱的"外表冷漠,内心狂热";另一种则是完全开放型的热情,表现为在异性面前异常兴奋,特别想表现自己。第一种学生在表面上和异性很少交往,但交往一旦有所突破,则狂热而不可收拾。第二种学生常常会和许多异性朋友在一起玩,也容易造成老师或家长的误会。因此,对职校生的早恋现象,教师必须加以细致甄别。很多时候男女同学在一起,只是简单的相互吸引或单纯的相互喜欢,并没有早恋的实质行为。很多时候正是老师的猜疑、同学的推波助澜,促使他们在逆反心理的刺激下率性而为。如果男女生之间正常的交往被我们"教育"成早恋,那就适得其反了。这就需要教师有一双"火眼金睛",善于鉴别"真性早恋(真正的早恋)"和"假性早恋(谣传的早恋)"。对于真性早恋,教师就应该下猛药,多渠道、多途径入手。

2. 给学生树立一杆标尺,让职校生涯不再茫然

没有目标的生活是毫无意义的,也是了无生气的。职校生经历了中考失利的打击,抑或是从未在传统学习中有过成功体验,往往对职校生涯依然不抱任何希望,总是得过且过、浑噩度日,这也是早恋现象产生的深层次原因之一。那么,给学生树立一杆标尺,让他有一个奋斗的目标,应该是转移职校生的早恋兴趣,冶炼其高尚情操的有效手段。在职校的毕业生中,自主创业、自我奋斗的故

事甚多,这些素材都是鼓励尚在学习的职校生的最佳案例,教师应多给学生讲这些成功的案例,鼓励职校生认真学习专业知识,刻苦钻研专业技能,用技能为自己开创一片成功的蓝天,让他们有一个远航的目标、奋斗的标尺,从而树立起积极的进取心,不再一味地去寻求异性的关爱。

3. 倾注爱心,为学生点亮一盏希望的灯

对职校生的调查数据清晰地显示了许多职校生不良习惯产生的根源,即爱的缺失,这对教育不无启发。教师在日常生活中应给予学生更多的关心和呵护,用我们的爱为孩子点亮一盏希望的灯。特别是对于离家独居的住宿生而言,教师的关爱就显得格外重要。很多学生只是由于在家庭或学校方面缺失爱才产生了对异性好友的依赖,想通过早恋寻找爱的替代。因此,多了解一下学生,多爱护一下学生,和学生多一些交流,给学生多一份体贴,对学生多一些宽容,在为学生创造一个良好的学习环境的基础上,进一步为学生创设一个充满关爱的生活环境,这才能从根本上解决职校学生的早恋问题。

（作者单位:江苏省润州中等专业学校）

心理健康疏导

特别的爱给特别的孩子

——一个残疾学生的心理适应案例分析

薛 薇

【案例描述】

孙同学,男,中职一年级学生,因为小时候得过小儿麻痹症,腿脚落下残疾。他入校时性格固执、孤僻、暴躁,不善与人交谈、交往,平时走路都低着头,课间总是默默地独自坐在教室的一角,回避学校和班级活动,给自己制定了很多目标来提升自己,比如参加社团、看书、考技能证书等,但实施之后,往往都是半途而废,从而感到自己不会有好的前途,甚至今后找工作都会很困难。为此,他经常感到心慌,睡眠不好。

【原因分析】

残疾学生进入中等职业学校后将面对新的交往群体,这对他们来说,是一个痛苦而无奈的适应过程。由于生理缺陷,与健全中职生相比,残疾学生承受着巨大的心理压力,认为自己是这个世界上最不幸的人,无论怎样努力也比不上别人,在学习、生活、人际交往中往往陷入困境,易产生过激行为。

1. 自卑心理

由于生理上的缺陷,健全中职生能做到的事,自己却无法做到,残疾学生在心理上就随之陷入了自卑,总觉得自己低人一等,表现为心境消沉、不愿表达。同时残疾学生是少数群体,又是弱势群体,他们身边都是健全人,其他健全学生也不大习惯主动与他们交往,这些都加重了他们的自卑心理。另一方面他们在学习、生活、恋爱、就业等问题上比健全者困难得多,且难以得到足够的理解和帮助,甚至常常受到厌弃与歧视,自尊心受到伤害,加重了其自卑心理。另外,出于对身体缺陷的自卑,大多数残疾学生对自己的隐私特别敏感,表现为过多地注意别人对自己的态度,对别人的评价极为敏感,同学间有心或无心说的话都可能伤到他们的自尊心,尤其是涉及身体缺陷的不恰当甚至是无意的称呼,都会使他们当即流露出愤怒情绪或采取自卫的手段加以报复。事实上,过度自尊是自卑心理过度发展的一种表现。

2. 孤独感

由于生理和心理方面的某些缺陷,如行动障碍、听力障碍、语言障碍、视力障碍等,残疾学生的行动受到不同程度的限制,致使他们的活动范围很小,可以交流的朋友相对有限。同时,他们过于敏感和自尊心过强往往会影响其与他人交往,认为他人对自己有歧视或偏见。他们不愿主动参与学校和班级活动,经常待在教室或宿舍里,往往比较封闭,他们中有相当一部分人缺乏社会群体意识和社会交往、合作能力,久而久之就会产生孤独感。

3. 焦虑心理

残疾学生也有对知识的渴求、对美好生活的向往,他们通过自己的努力获得成功的渴望更加强烈,并且急切地想要证明自己的价值、找到成功的途径。然而事情往往不是那么顺利,尤其是社会对残疾人的偏见使他们在现实生活中经常受到不公正待遇和获得不愉快体验,这些都吞噬着他们异常敏感的心灵。同时,残疾学生还不得不面临着进行学业困难和结交异性朋友困难、就业难等社会现实问题。这样,现实与理想的差距让残疾学生对自己的未来和前途更是充满了焦虑,甚至对任何事情都失去兴趣,整日心情压抑,陷入对个人的生存、个人的未来和发展持续焦虑的心理状态。

【方法措施】

1. 发掘潜力,培养残疾学生的自信心

让残疾学生在自身优势方面获取成就感,增加其愉悦的情绪体验,让其逐渐树立起自信心。要善于发现残疾学生的优势并加以培养。比如说,听不见,但也许对色彩很敏感,可以画画;看不见,但也许有着音乐上的天赋;腿脚不方便,但也许歌唱得很好。面对孙同学这样一个特别的学生,在高一刚入校时我就主动与他接近,利用放学后的时间陪他聊天,给他讲讲学校组织的各种各样的活动和班里发生的趣事。慢慢地,他的表情没有那么呆板了,但我并不满足于此,一直寻找让他重新振作的契机。高一下学期学校组织了"新生英语口语竞赛",当我在班级宣读完竞赛通知后,意外地发现孙同学一直在专注地看着我,眼神里流露出一丝渴望,于是我用鼓励的眼神望着他,对全班同学说:"我想把这个机会给孙同学,相信他一定能行的,同意的同学请鼓掌。"在全体同学的掌声中他接受了这个机会,为了让他在这次竞赛中取得好成绩,我请英语老师帮助他修改了演讲稿,并逐字逐句地纠正他的发音。他在竞赛中发挥稳定,取得了第三名的成绩,拿到奖状的那天,他的脸上终于露出了久违的笑容。

2. 使其正确认识自己,确定残疾学生的人生目标

残疾学生要充分了解自己的能力及特点,把人生奋斗目标定在力所能及的范围内,并通过努力达到这一目标,使个人需求得到满足、个人价值得到体现,只有这样才能使自己始终处于良好的心理状态。相反,如果残疾学生不能客观估量自己的能力,仅凭良好的愿望和热情去制定目标,其结果往往是遭受打击,从而影响情绪。在学校技能兴趣小组在高一新生中选拔成员时,我推荐孙同学参加了计算机硬件维修组,并事先与训练老师沟通了孙同学的情况。孙同学是训练中来得最早、走得最晚的学生,老师也经常给他"开小灶",慢慢地他成了电脑维修高手,与同学交流维修心得

时,变得自信了,性格也越来越开朗了。

3. 发挥集体的力量,关注残疾学生的行为表现

因生理缺陷,残疾学生的自我保护意识特强,对外界的侵扰容易产生报复行为。应该让他们感受到集体的力量与温暖,使他明白作为班集体中的一员必须具有荣誉感和责任感,让他意识到自己的心理行为有悖于集体行为时就会产生内疚感,并以此来鞭策自己,校正以往的某些不良心理因素,形成正确的道德感和良好的行为表现。在高一下学期的班级社会实践活动中,由于孙同学行动不便,我就把他和一些工作责任心强的同学编成一组,帮助他参加各种体验活动。后来他兴奋地告诉我,以前在初中时,他基本都不参加春游和秋游,从来没有玩得像这样开心过。老师和其他同学在生活中给予的关心和帮助,温暖着孙同学那颗冷漠、失望的心,使他重新回到了班集体中,他渐渐地变得乐于参与学校和班级活动了。

【效果体会】

寒假开学后的一天,孙同学主动来到我的办公室,涨红着脸,激动地说:"老师,我有件事想和你谈谈。"原来,寒假回老家过年的时候,在长途汽车站候车期间,他看到一位带小孩的乘客随手把喝完的饮料瓶扔在地上,立刻就冲到人家面前,用手指着那人说:"你算什么家长,怎么能当着孩子的面乱扔垃圾,捡起来!"结果人家不仅没把垃圾捡起来,还差点动手打了他,临走前恶狠狠地说:"要不是看你是个瘸子,我弄死你!"最让他伤心的是,家里的亲戚没人支持他的做法,妈妈还背着他哭了好几次。讲完这件事,他难过地说:"老师,你经常教育我们说要从小事做起,才能养成好的习惯,这次我做错了吗?"

听完他的叙述,我知道这是一个让他主动敞开心扉的机会,他能主动到办公室来找我,就说明他极需要与人交流,内心还是渴望得到别人的同情和关心的。我不急也不躁,详细地向他询问起当

时的情景,过了一会儿,等他情绪没那么激动了,我才用平和的语调说:"乱扔垃圾是不对,你要做的不仅是让他捡起那个饮料瓶,更重要的是让他知道为什么要那样做。老师想问你,最后那个饮料瓶有没有被扔到垃圾桶?""没有。""那这就说明你的做法不能被人接受,我们可以换位思考下,如果是你自己乱扔垃圾,有人站出来用你那天的态度来指责你,你觉得能接受吗?要怎样说和做才能让你心甘情愿地捡起那个饮料瓶呢?"听完我的分析,孙同学不好意思地说:"老师,我知道我错在哪里了,我不应该当众指责他做得不对。"接下来,我建议他试着站在父母的角度去思考问题,分析父母不支持他那样做的原因,不是不关心他,而是担心他因为身体残疾而受到更大的伤害。我说:"如果你因为这件事被打了,你父母会更加伤心难过的。"离开办公室的时候,孙同学诚恳地说:"今天回家我和爸妈说,今后我要学会保护好自己,再不让他们伤心难过了,我一定能做得更好,谢谢老师。"

【案例反思】

"人类之所以生生不息,是因为充满了希望",在面对残疾学生的时候,我们要信任他,接纳他,尊重他的价值和尊严,帮助他改变偏激的思想,通过心与心的贴近、情与情的交融,运用探索、描述、宣泄的方法,感化他们的心灵,让他们学会适应新的学习环境,自信、快乐、健康地生活,那么,他们就不会成为社会的"废品""累赘",而是会成为建设美好未来的一分子。

(作者单位:江苏省润州中等专业学校)

辅导个案：有义气性攻击性行为的学生

徐泽娟

【案例描述】

我班学生张同学，女，16岁。受江湖侠士的影响，一旦班级学生间有些小摩擦时，她不是千方百计地予以调节，而是喜欢挑拨离间，但实际上此事与她无关。特别是遇到这其中有和她关系较好同学时，她便立马为朋友两肋插刀，帮助朋友谩骂、攻击对方，从而产生义气性攻击性行为。这种行为如果任其发展，有可能造成"群起而攻之"的群架局面，后果自不待言。

【原因分析】

张同学的义气性攻击性行为是进入青春期的学生最令人头疼的一种不良行为，分析其原因主要有两个方面。

1. 家庭教育方式不当

张同学年幼时父母离异，父亲失踪，监护权归母亲所有，但母亲并未真正尽到责任，与孩子交流很少，遇到问题就会斥责、谩骂孩子。从小她母亲就将其委托给其外公和外婆代为管理和抚养。老人过于迁就孩子，加之张同学性格倔强，根本无力管教，忽视了对孩子的思想教育。在家里，她经常为一些琐碎之事和母亲发生严重冲突，对其母亲有很强的抵触情绪，逆反心理严重。

2. 张同学自身特有的半幼稚、半成熟的特点

张同学自身的个性特点包括：情绪不稳,脾气暴躁;冲动、自控能力差;言语较多,争强好胜。这些特点使她看问题时容易产生偏差,以为与老师、家长对着干很勇敢,是一种英雄行为,因而盲目反抗,拒绝一切批评。

【方法措施】

一、攻击性行为的暂时处理

一旦发现张同学表现出攻击性行为,我立刻干预并用简短且铿锵有力的语言大声、严厉地训斥她,指明这种攻击行为是不被允许的,在气势上先压倒她。同时,我还想方设法使她冷静下来,如把她带到一个安静的房间,让她静静地待着,直至情绪基本平静下来。如果这时与其交谈。恐怕也只是"对牛弹琴",起不到效果。

二、会谈

1. 开始会谈,注意良好辅导关系的建立

待张同学冷静下来之后,我用一种坦诚的、宽容的口气开始与其交谈。首先,我告诉她这是一次平等的对话,她可以说她任何想说的话,并向她保证谈话内容绝对保密。

2. 讨论最近一次发生的攻击性行为

我和她一起深入讨论最近一次发生的攻击性行为的动机、过程和结果,主要侧重于让她谈自己在攻击前后的心理感受,以及事情过后的反思。我主要询问了以下问题并展开讨论,在讨论过程中对她加以引导：

你为什么要欺负那个同学?

是那个同学惹怒了你吗? 他对你做了什么?

事情过后,你有没有后悔自己当初太冲动?

你是不是觉得那个同学好欺负?

你是不是觉得欺负别人是一件快乐的事情?

你经常攻击别人吗?

你是不是在生气之后,就想找人来出气?

如果你的朋友受了委屈,你是不是很想替他出气?

事情过后,你有没有想过别人的感受?

如果被欺负的是你,你会怎样?

在攻击别人之后,你真的觉得自己要好受一些吗?

你有没有觉得那个同学会因被你欺负而感觉委屈呢?

3. 说明攻击性行为的后果

在上述讨论过程中,我一定要让她明白:攻击别人不是解决问题的最好办法,而是一件既害己又害人的事情,不但自己的愤怒等情绪得不到排解,甚至会激化矛盾,给别人带来痛苦和伤害,这不是一个学生应有的表现,明确表明我不希望这种行为再次发生。对于过去已发生的攻击性行为,我会按班规处理,若再发生,肯定会给予更严厉的惩罚。

4. 寻找解决问题的替代性办法

我和她共同讨论,告诉她再遇到这种冲突时应该用哪些安全的、非攻击性的方法来应对,如用适当的方式压制或宣泄自己的攻击性情绪,想象攻击别人之后的不良后果,用友好、和平的方式与对方沟通,等等。

三、矫正攻击性行为的方法

1. 角色扮演法

在会谈之后,我会结合她的特殊情况,根据需要,选择角色扮演法来对其行为进行矫正。角色扮演法是为了让攻击者增强移情能力而采用的训练手段,通过心理剧的形式来实施。我让她细心地体验角色要求,想象自己挨打后的表情反应、委屈和悲伤,并将之表演出来。

2. 家庭辅导法

张同学的攻击性行为部分是由家庭原因引起的,因此我与家长积极沟通、配合,不允许他们使用简单粗暴的家教方式,要求他们尊重孩子、做好孩子的榜样。要求家长在处理自己孩子和别的孩子的冲突时,不要对自己的孩子偏袒纵容,如果自己的孩子欺负别的孩子,就要对自己的孩子进行教育,教导他们学会尊重别人、善于与人相处。

【效果体会】

我向张同学真诚地表示,自己对她充满信心,愿意支持和帮助她改变这种不良行为,相信她一定会变成一个受大家欢迎的好学生。

通过辅导,她和家长、老师、同学的紧张关系得到了缓解,能虚心接受老师的批评教育,学习比以往认真,还经常参加学校组织的各项活动。

(作者单位:镇江高等职业技术学校)

让爱驻心间
——离异家庭孩子心理转化案例

杜圣玲

【案例描述】

新的学期开始了,我接任了一个新的班级。班上一个叫瑶瑶的女生引起了我的关注。全班共有 34 名学生,而她处处表现得非常特别。

1. 爱美

班上大多数学生来自于农村,大家的穿着打扮都特别朴素,只有她穿着时髦,还戴着耳钉,涂着艳丽的指甲油,上课时经常照镜子和化妆修饰自己的眉眼。

2. 散漫

瑶瑶是住校生,宿舍里她的东西最多,也最乱。对于分配的宿舍卫生打扫、班级劳动等任务,瑶瑶总是敷衍了事,甚至拒不执行。瑶瑶自控力差,经常无视班委的管理,在课上、自习和午休时讲话和玩手机,对老师的批评不予理睬,缺乏上进心。

3. 情绪多变

瑶瑶情绪变化特别快,中午还很开心地问我:"老师,我这新衣服好看吗?"晚上就哭着来找我:"老师,我不上学了。"或是:"老师,我觉得活着真没意思,不如死了好。"也有同学向我反映:前一分钟还和她玩得好好的,一瞬间,不知什么原因,她就翻脸了,满脸不开心,说别人烦死了,就自顾自生气去了。

4. 偏执

大半个学期过去后,瑶瑶与班上的小婉、小苏两个女孩相处融洽，成了闺密，平时同进同出。班上另外一个女生婷婷与小婉同桌，平时与小婉交流得较多。瑶瑶不高兴了，与婷婷大吵大闹，坚决不允许她接近小婉、进入她们的圈子；另一方面，对小婉大发脾气，不允许她接受婷婷，破坏她们三人圈。最后还到我这边哭诉。

【原因分析】

一个美丽而又聪明的女孩，为何如此特别，经过多次的交流与沟通，一个破碎的家庭、一颗被震碎的心灵展现在我眼前。

1. 破碎的家

在瑶瑶的记忆里，自己原本有一个幸福的家。不知何时起，爸爸妈妈开始争吵不休，甚至相互谩骂。在小学五年级时，父母的争吵终于以离婚而告终。母亲离开了她们一起生活了十几年的家，瑶瑶则和父亲一起生活。瑶瑶的父亲平时工作很忙，经常加班，与瑶瑶交流沟通的时间很少，对瑶瑶的学习、生活关注得也不多。瑶瑶说自己觉得这个家变得越来越冷、越来越空，没有人气，让人窒息。离异一年后，瑶瑶的父亲再婚并很快又有了一个儿子。家里不再冰冷，有了欢声笑语。放学回家，她看到的是爸爸在幸福地逗弄弟弟，和继母有说有笑；晚饭后，爸爸与继母带着弟弟外出散步；节假日，他们三个人一起去走亲访友。面对着这一幕幕，瑶瑶很想融入进去，享受幸福与快乐，但她却不能，只能躲在自己的房间哭泣。而母亲离异后到外地工作，并重组了家庭也为她生了一个弟弟。父母都有了自己新的生活，充实幸福。进入青春期、敏感的瑶瑶感觉没有人爱她、关心她，自己是一个多余的人。

2. 受伤的心

身处于这样的家庭环境中，由于在家得不到重视，感受不到家庭的温暖，体会不到自己的成长在家庭中所起的作用，瑶瑶变得越来越敏感、越来越情绪化。

瑶瑶的父母因为有了各自的生活，无法抽出时间来陪伴瑶瑶，作为弥补，他们在物质上尽量满足孩子，零花钱都给得足足的，而在生活上和学习上对孩子的要求不高。这样一来，原本聪明、成绩不错的瑶瑶学习成绩一落千丈，她把更多的精力和时间花在了购物、打扮和交友上。爸爸妈妈的离异及他们情感重心的转移，让瑶瑶在内心深处产生了被遗弃的感觉，特别是看到同龄孩子有父母陪伴时，就更感到孤独。从父母那里得不到足够的重视与关爱，瑶瑶开始自己积极寻找爱。初三时她与班上一个男生早恋了，最后在老师和对方家长的强力干预下，毕业后就分手了。进入职校新班级，她很快和班上两个与她家庭情况类似的女孩成了闺蜜，又与班里一男生关系密切。一旦认同了亲密关系，瑶瑶就表现出强烈的占有欲，极力排斥他人来分享她的"爱"。

【方法措施】

对于瑶瑶来说，父母离异导致的家庭变故对她是一个巨大的冲击和挫折，爱的缺失、安全感的缺失，让她变得脆弱、敏感、狂躁、偏执，对生活乃至未来绝望。

面对这样一个特别的学生，我们该用什么来打开她的心扉、触及她的心灵，让她重新找回对生活的希望、走出阴霾呢？教育家夏丏尊说过："教育之不能没有爱，犹如池塘不能没有水。没有爱就没有教育。"爱，永远是教育的真正内涵，而像瑶瑶这样特别的学生更需要关爱。唯有爱，才能解决她情感的空缺；唯有爱，才能解决她心灵的困惑；唯有爱，才能点燃她心中的希望。

1. 爱——关注情绪，抚慰心灵

教育首先是关心备至地、深思熟虑地、小心翼翼地去触及年轻的心灵。我们要像对待荷叶上的露珠一样，小心翼翼地呵护学生的心灵。

作为班主任，我时刻关注着瑶瑶的一举一动，尤其是她情绪的变化。她开心时，我就用愉快的口气与她对话，夸赞她的穿着或是与她分享一下愉悦的心情；她不开心时，我就会用征询的语气与她交流，了解问题所在，就这样，一次又一次，一天又一天，瑶瑶感受到了我对她的关注和特别的爱,她逐渐向我敞开了心扉。一开始都是我主动找她聊天,后来都是她积极主动来找我沟通。无论是高兴、郁闷或是伤心的时候,她都会在第一时间来向我倾诉。从小时候幸福的生活、爸爸妈妈争吵离异,到现在与继母的纠葛、人际交往的困惑,她都尽情倾诉,在我面前哭过、笑过。一次次尽情的倾诉,一次次清晰的回忆,瑶瑶道出了隐藏在心灵深处多年的委屈和苦楚。我感觉我已经触及了瑶瑶的心灵,她那灰暗的心灵又开始慢慢变成茵茵绿洲。

2. 爱——挖掘潜力,激励信心

歌德说过:"你失去了财富,你只失去了一点点;你失去了名誉,你就失去了很多;你失去了勇气,你就什么都失去了。"瑶瑶最需要的就是勇气和信心。而树立信心的关键就在于让她看到自己有长处、有闪光点,并给予其展示的机会,让她品尝被关注、被喜爱的滋味,让她感受到温暖与鼓舞,逐步走出心灵的孤寂。

作为班主任,我在经常亲近瑶瑶的同时,发现了她身上的不少闪光点。瑶瑶一直生活在城市里,普通话特别好,我就选她担任班级语文早读课的领读,给她表现的机会;另一方面鼓励她报考普通话等级考试,并告诉她,老师相信她肯定能得到一个好成绩,给予她足够的信任与期待。最终瑶瑶参加了普通话等级考试,并得到了二级甲等的好成绩。为此,不仅受到学校的物质奖励,而且她的"靓照"及成绩还被贴在了学校宣传栏。这从未有过的成绩与关注着实让瑶瑶开心、骄傲了好一阵子。

瑶瑶歌唱得不错,在学校组织"全校唱班级班歌"比赛时,我就推荐她担任班级合唱的主唱,由她选歌,组织大家训练,因为她敢说敢做,最终在她和全班同学的努力下,我们班在"全校唱班级班歌"比赛中荣获二等奖。在班会课上,我在表扬全体同学的同时,重点肯定了瑶瑶的努力与付出。一次次的机会,一次次的成功,让瑶瑶一次次品尝自己成功的喜悦滋味,她脸上的笑容越来越多,生活、学习的热情越来越高。

3. 爱——架起桥梁，促进亲情

教育的爱、老师的爱能让学生在学校快乐、健康地学习和成长，而让学生感受到"被需要和被关爱"的正常的亲情关系，对其心理的健康成长更加重要。

作为瑶瑶的班主任，除了给予她更多的关爱和关注外，我平时也会经常与她的父母保持联系，向他们传递孩子的情绪状态及内心的想法，及时反馈孩子的点滴进步与成绩，交流与孩子相处、沟通之道。平时跟瑶瑶聊天时，我也会委婉地把她父母的苦衷和不易转达给她，让他们父女、母女之间相互理解和宽容，也和她一起探讨与继母的相处之法。

【效果体会】

经过两年多的关注、多次的交流与沟通，我欣喜地看到瑶瑶在慢慢地转变和成长，她不再沉浸于内心的茫然与痛苦，开始坦然接受单亲孩子的身份，她脸上的笑容越来越多，她与同学的关系也越来越融洽，不再避讳与同学谈及自己的父母，每次看到她打电话给爸爸妈妈，我就能感受到她心里的安定和欣慰。

离异是一种无奈的选择，离异家庭孩子的教育问题有其特殊性，但只要老师、家长能够积极配合，主动沟通交流，给这些孩子多一些关爱，并且能科学及时地引导他们走出心理阴影，这些孩子一定可以健康快乐地成长。

（作者单位：江苏省句容中等专业学校）

负激励和正激励同样重要

王 祥

【案例描述】

林同学,男,高一新生,平时上课的时候总是心不在焉,一点也没有年轻人的朝气。班级活动参与率也不是很高,身体不好,经常请病假,基本上一学期每周至少请一天病假。我本以为真的是身体原因,所以在家长请假时还特别关照家长最好带林同学到医院做一个彻底检查,看看到底是什么原因导致他经常生病。

但是有一天早晨,家长打电话请假的时候,说了一句"不好意思,今天他身体又不舒服,老请假我也不好意思,这样,等他舒服一点了就让他来学校上学。"结果等了一个上午人都没来,我就打了一个电话问怎么还没有到学校。我本来是怕林同学在路上出事,毕竟他身体不舒服。结果他妈妈说自己不在家,估计林同学还没有起床。这话就比较奇怪了,正常情况下,当孩子身体不舒服到请病假的地步时,家长要带孩子去医院,怎么自己在上班,把一个病人放在家里睡觉呢?而且还是经常请病假的学生,这不太正常啊!于是我说下次再请病假就要给我看医生的诊断证明。

没几天林同学又请病假了,没有医生的诊断证明。我就问他家长为什么没有诊断证明,家长说他只是在家睡了一天,没去医院。我说生病都请病假了怎么还能不去医院呢?家长说林同学不肯去医院,只想在家睡觉。于是,我就跟家长说有病不去医院怎么行呢,睡觉又不能治病。家长说没有办法,小孩子不听话。仅仅是在看病这一件事情上不听家长的吗？我不禁多了一个心眼。又过了两天，林同学迟到了。问其原因，他说是妈妈没有及时喊他起床。我打电话询问他的家长，结果他妈妈说喊了，没用。终于找到了症结：林同学的家长对林同学的管教没有效果，通俗地讲就是林同学的父母管不住自己的儿子。

【原因分析】

为此，我专门去了林同学家进行家访。在家访的过程中，我很明显可以感觉到他父母对他的疼爱，甚至可以说是溺爱。而林同学本人本质不坏，只是不在乎父母对他的付出。所以无论父母为他做了什么，对他来说都是应该的。无论父母要求他做什么，对他来说都是一种桎梏。对于这种"桎梏"，他采取"非暴力不合作"的态度：无论你们说什么，我想听就听，不想听就当没听到。这就是为什么他生病不去医院、因早晨不肯起床而经常迟到的原因。

【方法措施】

找到问题的症结，我就有意识地针对这个事情做林同学的思想工作。当时他的表现让我觉得这个学生还是比较懂事的，可能是因为思想不够成熟才导致了父母对他管教无力。但是过了几天，他又不来上学了。他的家长打电话请假，理由还是身体不好。我就追问："到底是真的生病还是他就是不想来上学？"家长说："是不肯来上学。我也没有办法，怎么喊他起床都没有用。"第二天林同学到学校后，我继续做他的思想工作，但收效甚微。

不想上学就不上学，这不就是旷课吗？既然思想工作做不通，那么就不做思想工作。在他第三次旷课的时候，我给他的家长打电话，说要给林同学处分。他爸爸在电话里不停地求情，要我网开一面。我就跟他的爸爸讲，按照学校规定，旷课三天是警告处分，不计入档案，处分不是目的，而是要让林同学知道犯错了会有惩罚等着他，家长是护不住他的。第二天，我就让林同学自己把处分决定带回家，让他拿给家长签字。结果很快他又出现了第四次旷课。于是按照规定，将警告处分升级为严重警告处分，并且我跟林同学讲得很清楚，他要是再旷课，按照规定就是记过处分了，那个时候就要计入档案，最后对他将来征兵、就业都会有影响。此后，在学期结束前的两个星期内他没有再旷课。

【效果体会】

在第二学期，林同学仅因为腹泻请假一天（有诊断证明）。在某次周记中他这样写道："从前不会回头，往后不会将就。"从他的周记可以很明显地感觉到他对于自己所犯的错误不再无动于衷，似乎有了一丝忐忑和愧疚。显然，林同学变了。

【案例反思】

为什么会有这样的变化？我认为是上学期处分的"功劳"。上学期之所以旷课，是因为林同学对自己的要求不高，反正无论出什么事情都有父母担着。但是他又没有其他恶性错误，可见他自身的道德修养没有太大的问题。当上学期因为旷课三天而被处分的时候，他突然发现自己的父母不是万能的，原来自己犯了错误是要自己承担责任的。回想到原先家长和老师对他苦口婆心的劝诫，再联想自己的将来，他终于知道自己错了。

现在都说要鼓励学生，要进行赏识教育。这种教育方式对大部分学生有效果。但是就有这样一种学生，对于别人对他的认可无动于衷，再多的表扬对他也没有意义。特别是被家长溺爱的学生，他们从小到大受到家长过分的呵护，接受过各种表扬、各种夸奖，他们对表扬其实已经不敏感了。同时，犯错时家长舍不得处罚他们，导致他们对自己所犯错误的后果认识不足。就像林同学，从家长请假的情况看，可以说相当一部分病假都是因为他不想上学，家长帮其说谎才请的,也就是说林同学的家长对林同学比较溺爱,否则不会犯这种是非不分的错误。对于这种情况,赏识教育已经不能起到积极作用的时候,我们就要换一种奖惩机制。

趋利避害是人的本性。在通常情况下,"避害"的动力性要高于"趋利"。当获得别人的赞赏这个"利"不能起到正激励作用的时候,就要靠惩罚这个"害"来从反面激励人进步。家长错误的教育方式,导致了正激励对林同学不起作用。但是人是有"避害"的天性的,因此,林同学发现自己的父母不能替他收拾残局,必须自己承担后果的时候,他只能逼迫自己去改变自己的行为习惯。所以说负激励也能起到激励效果。只是在采用负激励手段的时候,一定要注意不能刺激到学生、不能影响学生的长期发展。

(作者单位:镇江高等职业技术学校)

此时无声胜有声

孙艳敏

【案例描述】

班上一个学生迷上了电脑游戏,有时还旷课,家长也拿他没办法。一次,我在巡课时发现他在课堂上偷偷玩手机游戏,他也发现我看到了他。但我一句话没讲,只是用严肃的眼光默默地盯着他。他知道自己错了,关掉了游戏。后来,我又在不同的时间段巡课几次,发现他都在认真地听课。以后的几天里,我也没有找那位学生谈话,可是他自己却一直心事重重。

【效果体会】

一个星期后,这个学生自己憋不住了,他主动找到了我:"老师,你什么时候批评处分我啊?"我说:"现在你上课认真听讲,不玩手机了,让我批评你什么啊?"这时,他才如释重负地笑了。事后,这个学生对别人说:"如果当时老师骂我一顿,我可能很快就忘记了,可老师越是不吭声,我心里想得就越多,总有一种惴惴不安的感觉,也许我一生都不会忘记当时老师的那种眼神。"

【案例反思】

学生有缺点、错误时,不能使用侮辱性的语言,不能当众训斥他们。如果老师"狂轰滥炸",学生接受的只是老师怒不可遏的批评,至于老师说话的内容反而变成次要的信号了,学生怎么可能受到真正的教育呢? 我觉得在教育的过程中,老师有时适当沉默比直接批评更能起到教育学生的作用。

教师有意识的沉默也是一种有效的批评办法。如果有技巧地使用沉默方式,不仅能减少师生冲突,而且能够起到较好的效果。尤其是在中等职业学校,部分学生由于受家庭、社会、亲友的影响,过多或过早地目睹社会阴暗面,内心深处不自觉地形成一种心理定式,对学习与班规校纪有严重的逆反心理,对教师的批评教育置若罔闻,依然我行我素。对于他们来说,与其喋喋不休地数落其错误,倒不如保持沉默。沉默会造成学生心理上的一种期待,期待老师的批评早早到来,当这种期待没有出现时,学生会感到不安、焦虑。同时沉默会留给学生一个思考的空间,这时学生处于高度敏感状态,往往更容易对自己的行为进行更多的反省。我们没有批评却同样能起到批评的效果,而且这种自我批评是发自学生内心的。

当然,沉默并不是纵容。教师一定要在学生的心理处于一定的紧张、敏感状态后,适时进行后续教育,这样才能以恰当的沉默方式达到"此时无声胜有声"的教育效果。否则,学生会把你的沉默当作对其错误的不闻不问。

（作者单位：江苏省润州中等专业学校）

用心读心

陶　艳

【案例描述】

工作第二年,学校就安排我担任一个大专班的班主任。开学没几天,我便发现了一个优秀的学生——何同学。这个女孩子长得很漂亮,眼睛大大的,皮肤白净,能言善辩。当时我便觉得她是一个可以培养的对象。于是我试探性地交给她一些任务,每次她都能够很好地完成。事实证明她确实是一位很有工作能力的女生,各科老师也都很喜欢她。开学一个月后,我让她担任我们班的团支书一职。

何同学的表现也并没有让我失望:学习上,她认真刻苦,成绩较为优秀;工作上,她尽职尽责,一丝不苟,经过一段时间的努力,我们班的纪律逐步迈上正轨。另外,我还发现她的英语写作水平很高,在每次的英语写作课上,她的作文都被我当成范文来读。各科老师都越来越喜欢她,我们都相信她会是我们班的一棵"好苗子"。

后来,我找我们班的另一名女生谈心,聊及班上学生的情况,她吞吞吐吐地告诉我何同学谈恋爱了,和隔壁班的王同学。我非常震惊,又很怀疑,然而终究还是不放心。此事过去后的第二个星期天,我带何同学去市里参加一个活动,回来的时候我觉得很累,便在车上睡了一会儿,醒来时发现何同学一直在接一个电话,我心生疑问,便旁敲侧击地询问她。没想到,她却爽朗一笑,正面回答我说:"怎么会啊?老师,我不是那样的人,这是绝对没有的事。"这次她向我讲述了她的家庭情况,她本是东北人,父母离异,母亲只身一人带她来南方闯荡,生活非常不易。听着她的话,看着她天真无邪的眼神,那一次我很肯定地相信了她。

然而,这之后又不断有学生反映何同学恋爱的情况,我也多次询问她,她又一次次地坚决否认了。直到我亲眼在学校看到她与那个男生在体育课上躲在操场的角落轻声说笑时,我才知道了事情的真相。我震惊但更愤怒,感觉被欺骗了。冷静之后,我再次找她谈话,告诉她学习的重要性,以及此时谈恋爱会严重影响学习,告诫她不要让她的母亲伤心。谈话进行了一个小时,我说得口干舌燥,她似乎也痛下决心要悔改,写了千字保证书,用词恳切。此事平息了一段时间,然而没过多久,班上一位学生又告诉我,看到何同学在厕所边上和那个男生拥抱。我再次震惊,叫来何同学的母亲,共同教育她。没想到何同学此次态度大变,在办公室里就开始破口大骂那个告密的同学。此后我感觉班里其他学生都不敢提她了,似乎都很畏惧她。

更没想到的是,她此后竟然破罐子破摔,公然在学校内与那名男生来往甚密。我又多次找她谈心,甚至有时也适当惩罚她,但是她越来越倔强,怎么也不悔改,成绩也一落千丈。她还多次因上课不听讲,被任课老师送到我这里来,我对她慢慢地失望了。

本学期开学,她没有来报到。她母亲说她去一个小工厂上班了。那个男生也辍学了,据说他们还在一起。任课老师觉得班上一下子安稳了许多,大家也都松了口气。然而静下心来回想,我却觉得有些遗憾。在这件事情上,我们老师除了传统的说教,是否还可以做些别的呢?如果我们本着用心读心的原则去处理这件事,也许结局会是另外一种样子。

【案例反思】

1. 班主任要多一双眼睛

班主任工作是一项烦琐且任务艰巨的工作,十六七岁的中职生正处于青春期的后期,特别容易形成叛逆的思想和行为,班主任就更应该多一份细心、多一双眼睛。十六七岁的中职生心智尚未完全成熟,行动上容易冲动。班主任不仅要了解课堂上学生学习的情况,还要注意课后学生的言谈举止和衣着服饰。若是一位学生思想上有波动,就很有可能会在他(她)身上的一些细节之处得到反映。班主任若能及早看到这些变化,就可以早些去做这个学生的思想工作,从而避免事态的继续发展。

2. 引导学生正确看待异性关系

男性、女性其实只是处于这个世界上的两种不同的性别,异性相吸也是一个不争的事实,这就如这个世界上除了人类还并存着很多其他的物种一样正常。然而由于传统教育对这个问题的回避和遮掩,再加上影视作品的大肆渲染,如今的学生却对此充满了好奇,早恋现象也频繁出现。

事实上,学生们的思想还比较单纯,所谓的早恋只是他们对异性有些好感,关系比较亲密罢了。他们会盲目地把某个异性幻想成一个完美的人,处在青春烦恼期的他们认为自己可以在对方那里寻求到安慰和理解。我们教育工作者就是要教会学生正确认识异性。每个人都有优点和缺点,异性也如此,世界上不存在完美的人。在心智尚未完全成熟之前,学生还没有能力去正确选取自己一生的伴侣,也没有能力去承担由此而引发的一系列的责任。学生当前的主要任务是学习,是为了美好的明天打基础,不能为了一时的任性而影响一生。

3. 巧妙运用教育技巧

教育是一门艺术,教师在教育学生的时候要恰当地运用这门艺术。如今越来越多的教师反映学生越来越难教了,事实也的确如此。今天的社会是一个信息爆炸的社会,学生在他们还没有能力对信息加以辨别时就被迫接受了很多垃圾信息。从某种意义上说,不是学生变得难教了,而是社会没有给学生提供一个纯净的成长空间。

为了教育好今天的学生,教育工作者有必要好好动动脑筋。

例如对于何同学，相信刚开始的时候，她一定也是很迷茫、很困惑的，她一定是很矛盾地面对早恋问题。我想在他们面前我们没必要一定要充当一个声嘶力竭的卫道士，也许正是我们粗暴、强硬的态度使他们继续错下去的，因为人在压力面前都有本能的对抗意识。我想我们可以以一位朋友的身份与他们进行交流，告诉他们有这样的想法也很正常。但是我们不能任由事态发展，我们必须控制自己的感情，因为当下我们还有许多事需要做。对于优美的风景，我们应该留到适当的时候欣赏，那样才最能品出美感。青果子的味道是苦涩的。

4. 引导学生树立自立意识、正确看待人生

今天的学生大多是独生子女，从小过的都是"衣来伸手，饭来张口"的生活，几乎没有受到过什么挫折，这就形成了他们以自我为中心、缺乏自立意识、过度依赖别人的缺点。进入学校以后，班级里的同学不可能仅仅围绕他（她）一个人转，他们便很难适应这样的转变，于是心里不平衡、情绪不稳定，自然会产生这样或那样的问题。作为教育工作者，我们有必要给学生们展现一个真实的世界，让他们在真实的世界里健康成长。

何同学成长于一个单亲家庭。在生存压力面前，她的母亲不自觉地就将部分压力转化给了她，却又没有告诉她如何正确面对压力。所以，和其他同学相比，何同学少了一份安全感，却多了一份忧患感。青春期的她不自觉地希望能从异性那里获得安全感，然而这种寻求安全感的方法却是错误的。我们应该让她知道，世界没有那么美好，也没有那么糟糕，安全感只能是自己给自己，别人给的不会长久，也不真实。只要她健康成长，将来能自食其力，那时她就可以自己给自己安全感，并且也可以过上她所向往的正常生活。

5. 要维护学生的自尊

每个人都是有自尊心的，都希望得到别人的认可与尊重。多从正面去肯定和表扬一个学生，这样才有利于学生的成长。作为班主任，我们切不可以肆意地去践踏一个学生的自尊心。如果一

个学生连自尊心都没有的话,那么他(她)势必会破罐子破摔,这样子再想去挽救这个学生,就更困难了,何同学的案例也很好地说明了这一点。刚开始她还会去掩饰,还希望老师们都像以前那样信任她,当她发现大家都开始指责她时,她便开始了对抗。

班主任是一个班级的管理者,更是学生成长的引导者。在与学生交往的过程中,我们应该多用心去体会,"由己及生",这样我们的工作才能顺利开展,学生的成长才能更快乐。

(作者单位:江苏省扬中中等专业学校)

另类的花也有被善待的理由

——一则教育案例的反思

王　娇

【案例描述】

心和晴是我所教班级的两名女生。心，话不多，极为懂事，学习用功，成绩不错。晴则是另一类型的女生，短发，笑声爽朗，为人大方，在班级中人缘很好，她在学习上不是很用功，但是也许天资不错，因此成绩也还可以。上语文课时，她偶尔会开无伤大雅的玩笑，她的玩笑成为严肃课堂的一种调剂，因此我大多也是报以宽容的微笑。

就这样平静地度过了高一和高二，我和学生们一起迎来了高三。原以为一切还会如往届一般，在上课与考试的无数次循环之后，她俩也就顺利毕业了。但是这样两个性格不同的女孩，她们原来犹如平行线的人生后来却产生了交集。

起初还是有些端倪显现的，我先是留意到她俩渐渐成了很亲近的朋友，再后来是很好的闺蜜。有些奇怪，但是她们是两个女生，我也没有多想。这之后我又发现晴上课时常常走神，而只要一下课，她便和心极为亲密地紧紧挽着手坐在教室角落，喁喁细语。这时，我便找来了晴，她当时回答说因为高三压力大，自己想找个人倾诉，其他没什么。我有些不放心，但又不知道说什么，只好私下里继续细心观察。后来有一次，与班里女生聊天，得知临近高考，班上学生都会吃一些核桃类的东西补脑，而晴用心地为心剥了整整一罐子小山核桃。那种小核桃味道很好，却极难剥。这样的耐心让我更加吃惊，不管是出于友情还是其他，有一点我可以肯定的是——这样的做法耽误了学习。我准备联系她们的父母,然而电话还未打通,心的母亲便眼泪汪汪地来到学校,见了我,二话不说便拉着我到办公室外面的僻静处,边流泪边述说整件事情的来龙去脉。心的母亲离异了,独自抚养孩子,工作又繁忙,好在心一向比较懂事。进入高三,作为走读生的心想在学校上晚自习,但是学校宿舍已经安排满了,为了不再劳累母亲接送,她决定住到距离学校近的晴的家里。晴的父母在外地打工,只有奶奶在家,这样两人还可以做伴。心的母亲想,反正两人都是女孩子,又是同班同学,这样做也比较妥当,于是便同意了。但是一个半月过去了,她渐渐发现心好像很少在家里待着了。即使是周末,心也总是急急忙忙地要赶去晴家。她觉得孩子总是打扰别人,有些过意不去。有一天她临时起意,想买点水果去晴家打个招呼,然而当她站在晴家门口时,她看到的不堪场面让她万万没有想到。心和晴依偎着坐在沙发上,举止亲密,如此的亲密实在是超出了普通同学的关系,又联想起电视上的一些报道,她实在是害怕,又不知如何处理,于是便只能来找老师了。她的哭诉让我心头的疑问得到了证实,可是这种类似"同性恋"的问题该如何处理呢?

【原因分析】

班主任工作也做了有六七年了,通过培训,断断续续地也学到了一些知识,自己在工作中也积累了一些经验。只是对于处理这种问题,我还真是没有什么经验。又因为事情比较特殊,我也不能过多地跟其他老师讨论。因此我想到先找原因,经过思考分析我找到大致如下几个原因。

1. 家庭方面

心理学表明,任何人的身上都不可避免地被打上家庭的烙印。心来自单亲家庭,父亲早逝,母亲独自抚养他们姐弟俩,生活很不容易。因此心总是显得比较懂事乖巧,但是又总流露出淡淡的忧伤,想来她的乖巧全是为了母亲,而内心肯定还是非常渴望关爱的。晴的家庭也比较特殊。她的父亲粗暴、易怒、嗜赌，而且重男轻女，从小对晴非打即骂，还把她当成男孩子来抚养。晴的母亲是一个柔弱、怯懦的女人，在社会上打零工，对于晴的父亲的粗暴，她只会忍气吞声。在这样的情况下，晴自小就想要反抗，希望自己是个男孩子，可以保护母亲。

2. 社会方面

现在社会信息量大且"鱼龙混杂"，电子产品的普及更是加剧了这一状况。近几年"同性恋""拉拉"等字眼常出现在公众的视野，虽然也许编者的初衷是呼吁社会公平对待这件事，但是现在的学生年龄尚小，这些信息也会让有些学生盲目模仿。心和晴多多少少也受到了这方面的影响。

3. 学习压力

目前的学校教育和家庭熏陶多注重学习而忽视对学生个人成长的引导。在高三，学习压力空前加大，很多学生茫然不知所措，也不知如何宣泄负面情绪。因此"困境"中的相互取暖也使学生很容易寻求情感依赖，心和晴便是这样的情形。

【方法措施】

1. 保密

高中生正处于青少年身心成长的关键时期，很多学生内心敏感，自尊心极强。因此，在了解事情之后，出于对两个学生的保护，我首先做的是注意保密。在班级中，不点明，不影射，尽力保护这两个学生，同是也保护班级相对安静的学习气氛。

2. 私下深谈引导

心的母亲来过之后，心和晴每天都有些提心吊胆，她们在等待老师暴风骤雨般的斥责。于是我在冷静思考了两天之后找来两人进行深入谈话，谈话要点主要包括以下两点。

第一，鼓励她们"轻视"问题，缓解她们的心理压力。我们都有这样的经验：端着满满的一碗汤时，越是小心翼翼越是容易泼洒，而如果放松心情则可能比较容易完成任务。根据这样的心理，我让她们认识到青少年的心理障碍、心理问题大都是成长性的、过程性的，时间是最好的疗伤办法，因此使她们认识到即使她们现在产生了非比寻常的友谊，但是随着时间推移一切大都会朝着好的方向发展。

第二，用"疏"代替"堵"。心和晴两个女孩内心都受到来自家庭的影响，因此她们比别人更渴望温暖和理解。而现在这种状况，如果家长和老师一味地说教、批评，只会适得其反，因此我尝试引领她们从保护对方的角度考虑，走出困境。这个过程虽然痛苦，但为了对方她们还是含泪答应了，并且我在班中为两个人重新调整了座位，为她们安排了较好相处、性格外向的同学做同桌，以此来帮助她们走出阴影。

3. 家校联合

单一的力量无论如何都是较弱的，因此我找来了她们双方的家长，通过谈话让他们明确，回避问题、粗暴对待都不是好的方法，他们当下最应该做的便是用爱心、细心、耐心、包容心去呵护这两朵另类的花，这样才能静心等来她们绽放的一天。

【效果体会】

这样的案例我之前从未遇到，然而从最初的慌乱到静心思考之后的细心、谨慎解决，整件事情还是得到比较妥善的处理了，两个学生后来也都较好地处理了情感问题，并且考入了理想的高校。静心回顾整个案例，我得到如下的感悟。

第一，教育工作一定要"走心"。长年烦琐的职业教育工作渐渐地削弱了一些老师的热情，然而我们面对的是一群稚嫩的青少年，稍有不慎便会给他们造成很大的心理伤害，因此我们的工作一定要"走心"，我们要多用关爱之心去包容他们。

第二，工作中先想"为什么"再想"怎么做"。社会不断发展，我们的教育工作也会遇到很多新情况，因此教师在寻求专家和老教师的指导之后还要自己去思考,思考时先想"为什么",再想"怎么做",这样复杂的问题便简单了,而我们的工作也会有成效得多。比如在这一案例中,我先思考原因,这样我也便理解了她们,从而避免粗暴简单地解决问题。

第三,德育工作要全方位、多角度渗透。教育的最基本的目的不外乎促进学生成长。因此在提高学生学习成绩的同时,班主任不仅不能忘记德育工作,更不能忘记德育工作的宗旨,要以多种形式渗透德育,让学生学会正确处理青春期遇到的种种问题,正确看待学习压力,学会排解负面情绪。

第四,爱护每一种类型的花朵。千人千面,学生亦然。然而不管怎样,她们是稚嫩的,是需要我们老师去呵护的。只有这样,我们才会看到满园的姹紫嫣红。心和晴在学校与家庭的关怀下,终于顺利度过了高三阶较的青春岁月,愿她们在以后的人生中都能保持"心晴",心若晴朗,一切都会安好!

(作者单位:江苏省扬中中等专业学校)

用爱心构筑心与心的桥梁

张迎春

【案例背景】

中等职业学校的学生是一个独特的高中生群体,面对 21 世纪的机遇和挑战,他们所面临的心理问题越来越多。为解决这一问题,我校每班都开设了心理健康课,使学生们初步了解和掌握了心理健康常识和简单的心理调节方法。要使学生拥有纯洁的心灵、健全的人格,能快乐、健康地成长,班主任、任课老师及帮教老师也要给予学生一定的心理健康指导。下面我从工作中的一个典型案例入手,就如何做好学生的心理转化工作进行分析,谈谈在心理健康教育方面自己的一些做法与思考。

【案例描述】

上课预备铃已响过,我刚踏进欧阳同学所在班的教室,就听见了欧阳同学的大嗓门,而且他不在自己的座位上。他看见我已经来到教室前门,才慢悠悠地回到座位上,课桌上的书本乱七八糟,然后他就把所有的课本往地上随便一撂。上课了,他还是心不在焉,一会儿看看窗外,一会儿左顾右盼,我走到他跟前,轻声地说:"坐好,注意听讲,不能三心二意,你这么聪明,更应该认真听讲。"他低下了头。在之后的十几分钟内,他听得相当认真,还不时纠正其他同学回答问题时出现的错误,脑子反应很快,但是,十几分钟后老毛病又犯了。

欧阳同学是一个令所有任课老师都头疼的学生，从高一开始就迟到、旷课、逃课，上课时经常摆出一副若无其事的样子，头转来转去，还不时乱插嘴，打断老师的讲课；你对他进行批评教育时，他摆出一副不服气和无所谓的样子，眼睛望着天花板，心不在焉，满不在乎；学习很不认真，但由于很聪明，所以成绩仍处于中等；喜欢与顽皮的学生交往，在公共场合爱起哄，经常唯恐天下不乱；不过他也是班级里的"百事通"，问他大小事情，他准知道。

【原因分析】

1. 家庭影响

民主、和谐的家庭氛围可以给孩子提供一个温馨、浪漫、舒畅的心灵港湾，在这样的家庭成长的孩子健康活泼、富有朝气和进取精神。但是欧阳同学的父母在外打工，他由爷爷奶奶长年照顾，由于祖辈和孩子不沟通，往往任其自由发展，所以他经常不回家。父母每月只给他生活费，不太关心他的行为和生活，偶尔问起成绩，若不理想，父亲见面就打骂，这种不当的教育方式造成欧阳同学任性、放纵、叛逆的个性。

2. 学校影响

欧阳同学上课不认真听讲，经常捣蛋、插嘴、东张西望，老师对他很头疼，但很少与他沟通。虽然他特别想引起老师的注意，也希望得到老师的关注，但却常常得不到老师的赞赏，这造成他与老师对着干，有抵触情绪，听不进老师的批评，学校对他的思想教育也落不到实处。

3. 青春期的生理和心理影响

十六七岁的学生身体迅速发育，极大地打破了生理和心理之间的平衡。这一阶段学生的心理发展正处于半成熟半幼稚阶段，一方面以成人自居，另一方面却又受到自身经验和能力的限制，开始有意识地摆脱童年期的直率和纯真，并以怀疑和审视的态度来观察和面对周围的事物,容易冲动,行为不易被预测,逆反心理比较强,所以对父母、老师的批评和劝导往往产生抵触情绪。

【方法措施】

1. 家校互通形成教育合力

我认识到造成欧阳同学心理障碍的主要原因在于家庭因素,因此,我加强与其家庭的联系,让其父母认识到家庭教育的重要性。引导其父母不要只顾赚钱,教育孩子不能简单粗暴,要努力做到和风细雨,打开孩子心灵的窗户。父母应及时处理和治疗孩子的心理障碍,消除孩子的心理冲突,同时注意培养孩子的耐挫能力。我多次在课余时间打电话、发短信,做他父母的思想工作,经过多次推心置腹的交流,终于使他们接受了我的建议。经过家庭与学校共同努力,欧阳同学的心理发生了微妙的变化。

2. 用爱心构筑心与心的桥梁

班主任和任课老师应多关注像欧阳同学这样的问题学生,应给他更多的关心与呵护,不应该对他持冷漠的态度。欧阳同学从初中开始就受到老师的冷漠对待,造成了他心理上的不平衡,三年后的今天,我们怎样改变他呢?我和任课老师及帮教老师商量后决心重塑他的形象。每周不定期地找他谈话,随时发现问题然后解决问题,而且让他参与各种展示个人才能的活动,我们推荐他去参加班级举办的古诗文朗诵会,给他鼓励,结果他成功了,获得了优秀成绩;又推荐他去参加学校举办的计算机图文混排比赛,他又成功了,获得了二等奖。当他领到奖状时,脸上洋溢着从未有过的喜悦,他第一次感受到了"原来我也很棒"。在他天真、欢快地抿嘴一笑间,我感觉到我们的教育是成功的。

3. 加强青春期的心理健康教育

我和老师们重视欧阳同学的心理疏导工作,利用他乐于接受的方法讲明道理,认真分析他的思想状况和心理要求,确立适合他的教育目标和要求,准确把握他的品德发展阶段和水平,指导他重点阅读心理健康教育读本的有关内容,缓解他的心理压力,增强他的自信心,使他的心理素质在潜移默化中得到提升。经过半年多的耐心教育,欧阳同学回到了课堂,并且能静心学习,学习成绩也明显提高了很多。现在,欧阳同学能和老师、同学和谐相处,我们的心理健康教育有了突破性的进展。

【案例反思】

通过这个案例分析,我认为中职生存在的心理问题不仅影响其身心健康发展,也妨碍其品格和个性的发展,更是其成才的绊脚石。所以说中职校能否开展好心理健康教育是职业教育成败的关键,我认为中职学校要从以下五个方面不断完善心理健康教育。

第一,优化心理健康教育环境。环境是一个多维的主体时空网络和氛围,是人的心理素质达到优化的基本条件。良好的教育环境可以改造中职生的思想,约束中职生的行为,使他们保持良好的精神状态和学习状态,进一步开发自身的心理潜能。

第二,培养心理健康教育师资队伍。在现实中,中职生遇到的心理问题要比思想问题多得多。虽然班主任在工作中能帮助他们摆脱消极情绪,确立学习目标,但这些仅仅是思想上的疏导,而非心理上的咨询。中职学校里从事心理健康教育的教师是由班主任兼任,他们基本属于半路出家,缺乏实施心理健康教育所需的学科知识与技能。因此,加强对中职学校班主任心理健康教育理论及技能的培训尤为迫切,组织他们参加心理学课程的学习,让他们的思想与现代教育理念接轨,提高他们重视心理健康教育的意识,使他们做到会宣传心理知识、会发现心理障碍、会开展心理咨询、会做心理疏导工作,以便正确对学生进行指导。

第三,创新心理健康教育方法。学校是中职生生活和学习的主阵地,因此学校教育便成为中职生心理健康教育的关键。开展学校心理健康教育活动,不仅可以使学生具备良好的心态,更可以优化班级、学校的文化环境,促进优良班风、校风的形成。

第四，拓宽心理健康教育渠道。把学校教育、家庭教育和社会教育紧密结合起来，使之相互配合、相互促进，建立学校、家庭和社会共同参与的开放型、立体化的育人网络。

第五，成立心理健康辅导机构。许多中职学校对学生的心理健康不够重视，没有成立专门的心理健康辅导机构。成立专门的心理健康辅导机构可以为学生打开一道心理健康辅导的绿色通道，学生不喜欢老师的唠叨，不敢对身边的同学敞开心扉，心理健康辅导机构让他们有了一个可以畅所欲言的平台，让其身心得到放松，提高其心理水平。

总之，心理健康教育是一门攻"心"的教育，攻"心"的教育又需要爱心与耐心，我将继续探索研究心理健康教育的有效途径和方法，面向全体学生，增强他们的自信心，针对学生年龄和实际情况，采用不同形式的心理教育艺术开展心理沟通活动。我愿和我的学生们一起分担成长路上的风雨、分享阳光灿烂的心情。

（作者单位：江苏省句容中等专业学校）

中职女生的早恋问题处理
——中职生"牵手"案例剖析

张培芳

【案例描述】

一天课间,我正在批改作业。忽然,从杜同学的作业本里飘出来一张纸条,我捡起纸条一看,哇,这上面的语言够炽热的呀!

我把杜同学叫到办公室里让她坐下,她很紧张,低着头,脸涨得通红。我问:"这是怎么回事?"她哪里敢说。我说:"没关系的,现在只有我们俩,你告诉我事情是怎么开始的。"她终于断断续续说了起来:"我不知道该怎么办,这些天一直想着他,他是 N 班的体育课代表,我喜欢看他在篮球场矫健地投球、在林荫道上潇洒地赛跑,课后我常常去看他。后来,他说对我也有好感,我们就开始交往了,但我们是很纯洁的。后来他写信给我,还在晚自习后约我在操场上散步。我发现自己越来越喜欢他了,有时夜里睡觉还梦到他。我知道这样会影响学习,我也在努力控制自己不去想这些乱七八糟的事,可总是不由自主。越想控制就越难以控制,这样太对不起父母,对不起老师了,我内心很愧疚。老师,我是不是早恋了,我该怎么办呢?"

【原因分析】

十七八岁,少女怀春。春水涨起来的时候,应当及时疏导,而不是堵截。否则,一旦水位涨到他们小小的心灵承受不住时,山洪便一泻而下……

【方法措施】

针对其"病症",我开始"下药":

第一,实属正常,无须自责。我告诉她:"你现在正处于青春发育期,由于生理和心理的发展,容易产生各种各样的情感需求。渴望去爱,也渴望得到爱,这些都是美好的,也是很正常的。问题在于你对自己的情形不了解,就给自己扣上了早恋的帽子。你自认为是不正常的,极力克制,但事与愿违,不仅无法淡化,反而更加铭刻于心,更生愧疚感,在认识上形成了一个怪圈。青少年异性之间的交往大都属于健康友谊型和害怕羞怯型,真正意义上的早恋实际上很少,你现在正属于这种情况,切不可陷入无谓的痛苦中不能自拔,既影响学习,又不利于身心健康。"

第二,男女有别,亲疏有度。我告诉她:"对于异性间正当的友谊应当给以保护,不必遮遮掩掩,堂堂正正交往便是。但须记得男女有别,把握分寸,适度保持距离,注意场合,要拘小节,做到自尊自爱。"

第三,广交朋友,开阔心胸。我告诉她:"不要把自己封闭在人际交往的框框内,不要一味地走进某一人的活动范围或某一小范围,否则会导致与个别人交往过密,失去与学生群体接触的机会,无法体会到同学间的纯洁友谊,无益于共同进步。我们并不反对个别交往,但更应融入群体,广泛接触,广交朋友。"

第四,兴趣广泛,性格乐观。我告诉她:"培养广泛的兴趣爱好,积极参加丰富多彩的文体活动,善于调控自己的情绪,保持心理健康,积极乐观,坚守青春期的'心理防线',树立远大的理想。"

第五,加强学习,完善自己。我告诉她:"人的一生很有限,时间很宝贵,特别是中学时代更是人生的黄金时期。只有抓住这黄金时期,努力学习,充实自己,这样的人生才特别充实、有意义。同时,把精力用在学习上了,自然而然地就不会再去想其他无关紧要的事了。"

【效果体会】

说完这些话,杜同学不好意思地笑了,我让她再回去好好想想。没料想,这方法还挺灵,她和那个男生保持了距离,我们又见到了她灿烂的微笑。把更多的时间和精力用在学习上以后,她还获得了技能大赛二等奖。

【案例反思】

人类的心理成长发展过程不是一帆风顺的,尤其是中学生的心理,他们有时极易陷入"误区",心理上会产生不少的矛盾和斗争,引起心理不适应、情绪不协调,甚至发展成为精神障碍。教师一定要学会做好学生的心理转化工作,善于客观分析,宜疏不宜堵。

(作者单位:江苏省润州中等专业学校)

学习问题引导

"温柔型"数学教师
提高学生数学学习效率的妙招
——"小组合作学习模式"课后学习应用案例

王 燕

【案例背景】

在职业学校,数学作为公共基础课程,常常让学生觉得枯燥乏味,甚至会使学生产生"恐惧"和"畏难"情绪。我所教授的是旅游管理专业的学生,该专业的学生以女生为主,她们大都活泼开朗,兴趣广泛,多才多艺,经常参加学校的各项活动,但大部分学生的数学基础一般,对数学学习兴趣不浓,自控能力不强,花在学习上的时间和精力也不多。而我属于"温柔型"教师,主张学生自我管理,对学生的约束力不强。我上课时课堂气氛比较轻松活跃,于是我发现有的学生上课容易走神,或者因为不感兴趣而不听,课后抄别人的作业交差,导致数学成绩变得越来越差,对数学学习就越来越没有兴趣、越来越没有自信。面对这种情况,为了提高这部分学生的数学成绩,使他们重拾自信,老师课后需要花很多精力和时间帮学生补课。所以"温柔型"数学教师面对数学后进生,常常感叹得花大量的时间"磨",老师累,学生也累。那么,如何使"温柔型"数学教师摆脱这种困境,只花较少的精力就达到最好的效果?"小组合作学习模式"就能很好地解决此类问题,提高学生的数学学习效率。那么,如何在数学课后学习中科学地实施小组合作的学习模式?现结合教学实践,谈点自己的认识。

【案例描述】

在课后学习中,要开展小组合作学习方式,首先要建立学生小组,在成立小组时需考虑"质"和"量"两个因素。在人员"质"的方面,按照学生的知识程度和能力水平搭配,由好、中、差三类学生组成小组,使优等生可以带动学困生,使他们可以在学习上共同进步。在人员数目上,小组规模不宜太大,由 4～6 人组成即可。于是我在尊重学生自愿的原则下,根据学生的知识基础、兴趣爱好、学习能力、心理素质等对学生进行综合评定,将旅游专业 30 个人分成了 5 个学习小组,每个小组由 6 人组成,由正、副学习小组长领导,正、副组长是由数学成绩较好且具有一定管理能力和责任心的学生担任。小组长担负着联络教师和召集、督促、检查小组成员的任务,同时还起着带领、协调、疏通的作用。小组长选定后,将小组内成员分编号码,按小组内成员的成绩好坏依次编号,如正、副组长分别是一号、二号,中等成绩的成员是三号,依次类推,这样的处理方式将会为合理安排课后学习任务提供保障。

【方法措施】

在数学课后学习中,小组内不同编号成员的学习任务是不一样的,包括作业的难度也是不一样的,有些课后作业分为基础题和提高题两部分,每个小组成员都必须做基础题,而有能力或者有兴趣的学生可以完成提高题,提高题一般是一到两题。这样就做到了任务分层、切合实际,各个层面的学生都可以得到发展,可以增强学生课后学习数学的主动性、积极性和自信心。每个小组中,正、副组长负责检查组员的数学学习情况,主要起到监督和答疑解惑的作用,包括数学公式的默写、数学作业检查、错题和难题的解答等。而小组长的学习检查情况由课代表负责,我作为老师只需要把握整体情况即可。每次改完课外作业后,对于完成得不太好的学生,由他的学习小组长负责教会他。特别是在期中、期末考试之前的复习过程中,这种学习小组的形式就发挥了比较大的作用,学生按照学习小组形成"团队作战"模式,小组长和小组中成绩不太好的学生形成"一对一"的辅导模式,我则通过练习卷巩固后进生的学习成果。当然,做练习卷也是由小组长监督完成,完成后,交由我批改,我再对某些学生掌握的不透彻的问题进行点拨,这样,后进生对数学基础知识的掌握就比较牢固了。除此之外,教师的评价对激励学生参与活动、提高合作学习质量有着十分重要的作用。在小组合作学习模式实施过程中,我对表现突出的小组和个人及时给予充分肯定和奖励。除了口头表扬之外,采用积分的方法,根据课堂表现、作业上交情况等有相应的加分、减分规则。学期快结束时,根据小组累计的总分,评选出"优秀学习小组""进步标兵""优秀辅导之星"等,上报给班主任,给予相应的奖励。

【效果体会】

经过一个学期的实验,我带的两个旅游专业班级的数学平均分由第一学期的第三、四名,到了第二学期的第一、二名,效果显著。而数学后进生的成绩也有了大幅度的提高,很多人由原先的不及格提高到后来的七十多分、八十多分,甚至有的学生考到了九十多分。一部分后进生在班级的综合排名也有不同程度的提高。

【案例反思】

一、"以学生为主体"是"小组合作学习模式"的理论支持

新课程标准所倡导的是既要面向全体学生,又要承认和尊重学生的个体差异;既要改变学生学习的方式,又要调整评价的方式、手段和内容。教育一直强调以学生为本,发挥学生的主体作用,而数学学习小组合作模式,在整个课后学习的过程中,较好地完成了学生的自我实现,教师只是起指导、引领、补充的作用,大部

分的工作均由学生完成。教是学生教,做也是学生做,让"教"的学生将学到的数学知识经过自己主观的知识建构之后,再反馈给其他人,这就是一个提炼、总结、提高的过程,既增强了"教"的学生的满足感,也变相地提高了他们的知识领悟层次,同时,让"学"的学生没有那么大的压力,学习比较主动和自在,在提高数学成绩的同时,增进学生间的友谊。

二、班主任的支持能最大程度发挥"小组合作学习模式"的作用

一个好的将军就能带出一支好的队伍,一个好的班主任就能带出一个好的班级。一个班级的学风如何、学习效果如何,在很大程度上取决于班主任的工作态度和方法。班主任与任课老师之间的沟通和合作尤为重要。我经常会向班主任了解后进生的个性、学习、生活、家庭情况等,以便在分组和数学学习过程中采取适当的方式提高学习效率。学习小组成立之后,我会与班主任商量,看小组成员是否需要调整。课后学习组长教组员学习时,需要班主任提供支持,如不安排这些学生进行其他活动,空出学习时间,有的甚至需要班主任自己利用课余时间对学生进行检查和监督。在数学学习中,遇到学生厌学、偷懒等情况时,我会和班主任一起认真分析学习过程中学生的学习态度、学习精神、学习方法和学习成效,鼓励他们点滴的进步,指出他们存在的不足,并将结果融入对学生的评价中,使学生更重视这门课程,促进课程教学质量的全面提高。

三、独立的场所和整块的空余时间能更好实现学习小组模式的成效

在实施过程中发现,在小组组长教组员学习时,如果能提供独立的场所,效果会更好。这样能排除其他干扰,进行"一对一"辅导,学生比较容易集中精神,学习效率也比较高。当然,要实现辅导成效,还需要有整块的空余时间,所以,我经常利用中午休息时间或者自习课,让学生到我办公室或者是某个空教室进行数学学习,一般一次2~3个小组,在期中和期末复习时间段内的次数比

较频繁,平时一般是学习完一章后进行一次。教师在整个过程中,只监督和点拨,可以同时做其他事情,这样省时省力,学习效率却很高。

因此,以学生为主体,在班主任、时间、场所等资源整合的情况下,发挥学生的数学学习热情和主动性。"温柔型"数学教师在"解放自己"的同时,再也不用担心学生的数学学习情况了,可以轻松达到满意的学习效果。

(作者单位:镇江高等职业技术学校)

中职生数学自主学习能力的
培养与提高案例研究

——一个"数学学渣"到"数学学霸"的华丽转身

杨 芳

【案例描述】

2014 年 6 月,李同学在江苏省对口单招高考中以总分 821 分、数学单科 146 分的高分被江苏理工学院本科录取,俨然成了同学们眼中的"学霸"。同年 9 月,作为李同学的数学老师的我,邀请其参加了母校 2014 级对口单招班新生学习动员会,在动员会上李同学的一番话发人深思:"同学们知道我高一进校时,中考成绩是多少吗? 我至今还记得是 452 分,在班级排名倒数第三,算是'学渣'了。那时的我非常自卑,在数学课堂上我不敢与老师进行眼神交流,害怕老师喊我回答问题,高一上学期我的成绩也很一般,一直处于中等偏下的水平⋯⋯"

【原因分析】

其实李同学的话也说出了很多高一同学的心声,道出了他们所处的状态:迷茫、自卑、无助。进入单招班的学生很多缺乏自主学习的能力,往往是"他主学习",究其原因,主要分为以下两大方面。

一、客观因素

1. 来自家庭、社会、学校环境的压力

目前在校的学生大多是独生子女,一方面他们集爸爸妈妈和爷爷奶奶等的万千宠爱于一身,另一方面背负的是一个家庭乃至一个家族的期望。中考失利让学生的父母不得已替他们选择了对口单招这条路来实现他们考大学的梦想,某种程度上学生进入单招班学习更多的是代表父母的意愿,而不是他们本人的意愿。单招生作为职业学校的特殊群体,似乎在所有人眼里都应该刻苦学习、努力上进。在实际学习过程中,部分学生缺乏学习动机和愿望,更多的是迫于各方面的压力。

2. 初高中数学课程内容的阶梯式跨越

高中数学课程内容一方面是初中数学课程内容的拓展与延伸,另一方面是初中数学课程内容的跨越与发展。如学生在初中阶段简单学习了一次函数,知道一次函数图像是直线,以及直线方程的形式,而在高中阶段学习直线方程,除了斜截式之外,还学习点斜式、两点式、截距式、一般式方程。然而学生在求直线方程时仍习惯性用待定系数法求斜截式方程。再比如,初中阶段学生所学到的最"大"的数集是实数集,但是高中阶段引入虚数后这个结论就是错误的。这些都需要学生在较好地掌握初中数学内容基础上对已有知识体系进行重新建构、深度整合。

3. 高中阶段是"他主学习"到"自主学习"的断奶期

初中阶段,学生各科的学习都受到了老师及家长的全面监管,在校老师会充分利用辅导课的时间培优补差,在家里家长每天会监督孩子完成作业,协助老师完成一些背诵任务等;有的学生已经适应了"他主学习"的管理模式。中考似乎是个分水岭,进入高中阶段,在校期间,由于课程进度紧张等原因,老师在校期间不再有足够多的辅导课帮助学生辅导每天各门科目的学习,回家后,学生也不愿意再让家长干预自己的学习生活。而没有了老师及家长监管的学生往往缺乏自觉性,自主学习的效率低下,学习成绩没有起色。

二、主观因素

1. 内心强烈的自卑感

以我所教班级学生为例,80%以上的学生在开学后的第一篇周记里都提到了中考失利对自身心理的打击。当然,他们的自卑感不仅仅来源于中考,更贯穿于小学或初中学习的始终。他们中的绝大多数在初中阶段就很少受到老师或家长的特别关注与赞扬,长此以往,他们对待学习缺乏自信,总认为自己是个学习的失败者。

2. 对所学专业的不认同感

一方面,由于各学校办学条件、师资力量等因素的影响,可供学生选择的专业有一定的局限性;另一方面,有的学生在选择专业初始对专业了解得不够清楚,有的学生选择专业时将专业的本科录取率作为第一或唯一的参考要素,在实际学习过程中,往往对自己所选专业不感兴趣,缺乏学习的积极性。

3. 学习困难所产生的挫败感

任何知识技能的学习都是一个从未知到已知、由模糊到清楚的过程,这其中不可避免会遇到很多困难,不少学生遇到问题不愿意与同学讨论、与老师交流,导致问题越积越多,成绩越学越差,强烈的挫败感成了学生前进的重大障碍。

【方法措施】

一、自主学习能力的内涵

自主学习能力是一种特殊的个性心理特征,是经过学习发展起来的,是学习者在学习活动中表现出来的一种综合性能力,包括学生自主选择学习内容的能力、处理与运用信息的能力、发现与解决问题的能力、自我管理与控制的能力等。随着年龄的增长及课程内容的深入,结合教材及新课标要求,中职生必须具备一定的自主学习能力,才能较好地掌握学科知识,从而融会贯通、灵活运用,不仅如此,学生自主学习能力的培养与提高也为以后跨学段学习及终身学习打下了良好的基础。

二、自主学习能力培养与提高的策略

1. 因材施教，建立民主和谐的师生关系

课堂是教与学的主阵地，师生通过课堂互动实现思想碰撞，从而使学生掌握知识点。因此，教师应摒弃自上而下的课堂教学组织形式，创造民主和谐的课堂氛围，鼓励学生畅所欲言，这样学生收获的不仅仅是获取知识本身的快乐，更重要的是对任课老师的认同与信任。老师对学生的"凶"或者"不凶"也是因人而异、因事而异的：如对于平时表现比较散漫、爱插嘴讲话的学生，应指导其学会适时收敛；对于平时学习比较自觉但个性内敛的学生，应鼓励其大胆发言。

2. 明确目标，制订合理可行的实施计划

目标是个人前进的动力和方向。然而，很多学生进入职校以来，由于受各种因素的影响，往往没有明确的学习目标，因此对待学习总是消极应付。教师在教书的同时更要学会育人。在平时的教学活动中，多给予学生正面的、积极的心理暗示，使学生坚定"只要努力就一定可以取得成功"的信念，教育学生知识的习得不仅仅是为了考试，更重要的是一种精神财富的积累等，指导每个学生确立一个明确的学习目标和阶段发展计划，并对计划的实施及时跟踪反馈。学生在追求目标的过程中产生的内驱力会促使其更加积极主动地投入到学习中去。

3. 指导学法，进行及时客观的学习评价

仅有端正的学习态度而缺乏科学的学习方法，学生就会学习效率低下，势必导致事倍功半。在教学过程中，我指导学生在学习完每一章节之后，学习画思维导图来复习回顾本章的重要知识点。在学完一个知识点之后，引导学生学会去比较与相关的知识点之间的联系与区别：如在学习等比数列之后让学生比较等比数列与等差数列的异同，让学生学完直线与直线平行、垂直的等价条件之后注意比较它与向量平行、垂直的等价条件的异同。通过横向及纵向的比较，让学生更加了解各种知识点之间的逻辑关系。在学完每一节之后,要求学生整理错题集,将平时解题时出现的典型错题摘抄下来,标明错误原因或题目所考题型。在学习每节之前以导学案的形式要求学生先进行预习。对于每次布置的任务都要进行检查、反馈、评价,长此以往,学生自主学习的时候就会感到有事可做、有据可依。

4. 拓宽渠道,创新交流研讨的沟通平台

对于教学中的热点、难点问题,教师可借助于信息化手段,以微课或开发网络平台的形式鼓励学生利用课余的时间反复学习。当然,信息技术也为师生课余的交流提供了可能,最简单的如 QQ、BBS 等。此外,我在平时的教学过程中利用课余时间开展数学论坛,就章节的重点、难点问题进行集中大讨论,一般由班里数学学得较好的同学主持、策划。

【效果体会】

刚开始上我的课时,李同学和之前一样害怕在课堂上回答问题,因为害怕受到老师的批评与指责,以及同学的嘲笑。因此,我充分利用课余时间走近她的生活、了解她的脾气秉性,建立师生间的信任感和认同感。正所谓"亲其师而信其道",慢慢地,她开始不再害怕回答问题,甚至还主动提问,学习成绩也比之前有了较大的进步。于是,我因势利导,指导她制定详细的学习目标。李同学内心的那股学习的钻劲爆发了:作为住宿生,她每天第一个起床,最后一个睡觉,以至于时至今日,她的励志"名言"还在学校广为流传:每天叫醒我的不是闹钟,而是考大学的梦想……在具体的学习过程中,我指导其整理好自己的错题集,附有题目、原因分析、题型解读,在不断地找错、纠错的过程中,她的学科知识体系得到了发展和完善。

在高三一模考试中,李同学以 138 分取得班级数学学科的第一名,这让她欣喜不已。然而在接下来的一次模拟考试中,她却意外地考差了。我像以往一样在班级分析了考试成绩分数段分布情况,表扬了一批考得好的同学,李同学显然不在其中。课后,我找到她,一见到我,没等我开口,她就开始大哭起来,我知道这个自尊心很强的学生在发泄自己的情绪。我没有跟她分析试题的对与错,只是静静地等她哭完后告诉她:"这是一次失败的历练,我们需要做的就是勇敢地去面对,找到自己失败的原因,以后避免犯错就可以了。甚至我们应该庆幸自己这么早就发现了问题,而没等到高考之后才发现自己原来如此不堪一击……"李同学伤心地点了点头。这次失败的经历反倒成了她加倍努力学习的动力。

总而言之,教师要做好学生自主学习的引路人,帮助他们解决学习过程中遇到的困难和障碍,只有这样,学生才能更加积极主动地学习。自主学习能力的培养不仅在于一朝一夕,更在于教师潜移默化的影响!

(作者单位:江苏省润州中等专业学校)

无私的爱是成长的动力
——技能大赛艺术类声乐项目训练案例

余沐萱

【案例背景】

每年的技能大赛用"百舸争流千帆竞,借海扬帆奋者先"这样一句话来概括是最为恰当的,艺术类声乐项目则更加具有代表性。音乐能触动人的心灵、陶冶人的高尚情感。教师选择最佳方法进行声乐训练,激发和培养学生训练的兴趣,是提高训练成绩的重要手段。

【案例描述】

我曾经教过一位女生,她平时不爱讲话,没有自信。经了解,她的父母离异,她跟爷爷、奶奶一起生活,是个无人管的孩子。她上课不听讲,不做作业,成绩又差,班主任拿她没办法。但是通过观察,我发现她身上虽然有很多毛病,却不是品德不好的学生,而且她的嗓音条件不错。针对她的情况,我多次单独找她谈话,在肯定她的优点的同时,晓之以理,动之以情,帮助她找出身上的不足之处;同时也告诉她,她的歌声很好听,可以参加技能大赛,只要通过自己的努力,一定会赢得老师和同学们的掌声。在我的关心教育下,她进步很快。在音乐课上,她能认真学唱,大胆发言。在技能训练中,她表现得也很积极刻苦。对于她的一点一滴的进步,我都给予及时的表扬和鼓励,她在当年的技能大赛中就取得了市一等奖的好成绩。

【案例反思】

爱是师生间的情感联系的核心;有了爱,师生原先的"你""我"之间的关系,将被置换成"我们"。老师和学生在人格上是完全平等的,老师只有用爱心来滋润,用诚心来感化,用恒心去引导,才能获得爱的回报。

的确只要有老师的善解人意、无私的爱、辛勤的汗水,就一定能换来学生的进步,使他们健康成长。无私的爱是学生成长的动力,每一次的技能大赛就是一个成长的过程。要做好技能大赛的训练工作,我认为还需要做到以下几点。

1. 认真备课是训练成功的首要条件

在实际的技能训练中认真备课,例如有的歌曲使用了句末重复手法,不仅增添了情趣,且揭示了深刻的内涵。在训练之前老师就要备好课,启发学生发现这首歌每个句末均用了重复的手法,使学生更快、更好地学习乐谱,而且帮助他们养成分析乐谱的习惯。在训练时,让学生对不同的乐谱进行比较,加以区分、模唱,以便事半功倍。

我认为,只有认真备课,老师才能信心十足地走上舞台,才能使学生听得津津有味、有训练兴趣,最终获得较好的参赛成绩。

"思则有备,有备无患。"善于思考,才能对各种情况有所准备;有所准备,才能做好工作,才能防患于未然。我在备课时,从钻研教材入手,根据参赛要求,根据学生的不同情况,抓住重点、难点,由浅入深,由易到难,有步骤、有层次地进行备课。但备课不仅是"备教材",还得"备学生",在备课时把学生在学习过程中容易出现的问题也考虑在其中,这才是至关重要的。

2. 刻苦训练是训练质量的保证

技能训练在大多数人眼中是枯燥无趣的。不吃苦耐劳,是得不到好成绩的。每一年的省技能大赛都竞争激烈,凭的是真本事。艺术技能提升如逆水行舟,不进则退,每天的训练时间基本上要保持在 8 个小时左右,才能看到成果,这对于正处在花季的少年来说是很残忍的。这时候也需要老师发挥爱的力量,鼓励学生,想尽办法排除一切干扰、创造最好的条件,让学生能够静下心来刻苦训练。

3. 训练后记是课堂教学不容忽视的环节

训练后记是训练的延伸、补充和修正。在技能训练实践中,我逐渐认识到:认真做好训练后记,是提高训练质量的一个重要途径。训练后记能够如实地记录学生的个性,以及学生之间的存在的共性和差异,就能使老师准确地了解学生的性格、学习特点、训练表现,以及训练目标是否达到和训练任务是否完成,便于教师对照训练设计,自觉地找出训练方法及训练计划的欠妥之处,还能依据因材施教的原则,不断改进训练方法,提高训练水平。

技能训练的目的之一是为了参加比赛,但更重要的是通过技能训练让学生能够健康成长。这就需要参训教师要有一颗无私的心,给学生无私的爱,让他们能够健康成长,走向成功!

（作者单位：江苏省润州中等专业学校）

我的 10 秒"等待"

陈海珍

【案例背景】

学生上课玩手机,是让老师很头疼的事儿。我所任课的 13201 班是职业学校的职专班,学生年龄在 15～18 岁,正是青春期的后期。他们入校的中考分数普遍较低,数学和物理的基础不太好,这增加了他们学习机械专业课的难度,于是他们容易分神,喜欢做一些与课堂无关的事。随着手机被广泛运用,越来越多的学生在书包和兜里装上了手机。学生当然不只是用手机来看时间,他们会用手机与人交流,如打电话、发短信,他们还用手机来玩游戏、上网、看视频、看电子书等。大人会的,他们一样都不落下。手机里的精彩世界往往让学生非常留恋,从而对手机爱不释手。带着手机进入校园,对于绝大多数学生来说,等于时时刻刻面对着一个巨大的诱惑。听到上课的铃声而把手机放进书包,对他们来说是无可奈何之举。在听课的时候,书包里的手机触手可及,忍不住拿出来玩的同学很多,老师稍不留神,学生的头就低下了好几个。

【案例描述】

刚开学的第一个星期,我发现班里的学生几乎每人一个手机,上课玩手机的现象时有发生,我进行了口头说教,但情况没有多大的好转,有时还弄得自己满肚子的火气。因为手机属于贵重物品,价格不低,如果强行收上来的话,我不知该如何处理,反倒给自己增加了难题。如果直截了当地还给学生,自己没趣不说,也起不到教育学生的效果,不能从根本上解决学生上课玩手机的问题。我思考了很久,决定试着解决这个大难题。第二个星期,在一节《机械基础》理论课上,我看到黄同学正在低着头玩手机,可能是在看视频,他还满脸笑意。我一边讲课,一边装作不经意地走到他的课桌边,用手指轻点了一下他的桌子,示意他把手机收起来。然后我就回到了讲台前,看到他非常不愿意地把手机放回了抽屉。但刚过了几分钟,他的手机突然响了起来,铃声是很劲爆的音乐,全班立刻哄堂大笑。

我只好提出:"黄同学,把手机送上来,我先替你保管吧,放学后去我那儿拿。""不是我的,我没有玩。"他一边说话,一边急急地把手机塞到课桌的抽屉里。"老师不会弄错的,要敢于讲真话,这不是什么大不了的错误。"我说着宽慰的话。但他坚持不拿出来,伸手在抽屉里死死地握着手机,像我要抢他的宝贝一样。看着他绷紧的手臂、如临大敌的表情,我心里清楚,我这时候要是去伸手拿他的手机,我们两个势必会起冲突,而且他也不可能让我拿到手机,定会事与愿违。"老师不会没收你的手机,你放心吧。"我再次试图缓解气氛,安抚一下他:"我是替你暂时保管呢,请把手机先交给我,我们一起继续上课,好吗?"说完我伸出了自己的手,放在他的桌子上,我不再说话,而是等待,时间一秒一秒地过去,其实在平静的外表下,我也很紧张,万一他不给我手机,在全班同学面前,我该如何收场呢?我不说话,全班同学都静了下来,都在等待他的反应,我也选择了等待,在心里对自己说:"等,等,不要着急。"在我默数到9秒的时候,他把手从抽屉里拿了出来,把手机放到了我的手上。我轻轻合上手掌,微微地笑了,看着他疑虑的表情,我告诉他:"老师说话是算数的。"听了我的话,他也不好意思地笑了。

下课后回到办公室,我看他在门外来回走了两趟,但犹豫着要不要进来向我要回手机,我估计他自己也在想如何才能在从我手上拿回他的手机。

【方法措施】

第二节课,很多同学都用疑惑的眼神看着我,手在抽屉里伸缩。他们一方面猜想我会不会真的把手机还给黄同学,另一方面,猜想如果他们把手机拿出来玩,他们的手机会有怎样的命运。看到这儿,发现有差不多一半的学生已无心上课,于是我放下了课本,提议学生一起来聊聊关于手机的那些事儿,同学们立刻情绪高涨起来。

我引导学生主要讨论了以下几点:

(1)"为什么带手机来学校?"答案主要有:有要事时和父母联系,和同学或者社会上的朋友联系;同学之间发短信说悄悄话,互相逗着玩儿;上网;看电子书、看视频、打游戏。

(2)"上课为什么拿手机出来玩?"这个答案最直白也最有意思,几乎一大半的学生都回答"忍不住";有少部分学生承认觉得听课有困难,听不下去,觉得没意思,就想把手机拿出来玩。

(3)"父母为什么给你们买手机,或者赞成你们用自己的压岁钱买手机?"回答主要有:为了能及时联系到自己;自己看到别的同学有手机而坚持要买;父母担心自己老去网吧,只好买了让自己在家玩。我只对学生说了一句:"可怜天下父母心。"

(4)"父母赞成自己带手机来学校,但有没有赞成'上课玩'呢?"同学们都低下了头,很多人不好意思地低声说:"没有。"

(5)"我在课堂上有没有让同学们拿出手机来查资料呢?""没有",这次只有少数人的声音了。

(6)"等你若干年后做了父母,你会让你的孩子带着功能强大的手机去学校吗?是否会为了让自己的孩子玩得痛快,甚至去买功能更强大的手机呢?"学生都笑了,甚至有人说:"敢这样做,我打不死他。"

(7)"上课带手机对学习有影响吗?"答案是"有"。"好的还是坏的?"一个个都不吱声了,只有班长说:"坏的。"

我把每一个问题都列在了黑板上,待学生回答后,再把答案也列在黑板上,让学生把问题和答案都抄到了作业本上。最后留下了一个思考题,我就下课了:如果一天不带手机来学校,你会怎么样?

放学前我请黄同学来到办公室,用友善的目光盯着他看了一会儿,做了几秒钟的思考状,然后一言不发地把手机给了他。他很惊讶:"陈老师,你这就给我了?""是啊。""真的?""真的,因为老师知道,在课上的那几秒,你就已经意识到自己错了,所以你才会把手机交给我呀。老师无非就是想让你认识错误、改正错误。你明白了,我为什么不还你呢?至于道理,我刚才没有再说,是因为你是中学生了,听到的说教也不少了,给你时间,你能想明白的,不是吗?""是的,老师。我上课不会再拿手机出来了。"听了这话,我们都笑了。我知道他回到班上一定会把我的做法告诉其他同学,我很期待这一做法的效果。

行动之前,给自己10秒,设法让自己冷静下来。先自我发泄了心中的怒气,哪怕学生的错误让你感觉无比愤怒、无比伤心,也请先等待10秒,在这10秒里,问自己:我准备好了吗?我接下来的教育行为和语言,保证不会让学生受到伤害和侮辱吗?请当答案是肯定时再开始吧。

行动之后,请再给学生10秒,给学生整理思绪、思考错误、做出反应的时间。不管用什么样的教育方法,老师们的初衷应该是帮助学生认识错误、改正错误。

愿意给学生和自己10秒,是因为在学生的错误面前,我是在引导学生而不是管学生。区别了这两者,就能够做得更好一些,重要的不是给了几秒,而是给了等待的时间。我和学生在等待中感受交流、体会爱。

【效果体会】

在第二天的课堂上,我看到黄同学没有再把手机拿出来玩,但还是有其他少数同学拿出来了。于是我给学生提了两条建议：第一，不把手机带到学校，有事联系父母，到老师这儿打电话；第二，带了手机的同学上课前把手机关机后放进讲台的抽屉里锁上，放学后拿回去，只要他们不嫌麻烦；第三，再玩，没收了再联系家长。结果同学们都在第一、二条之间做了选择。从此我的课上再也没有同学玩手机了，在其他课上玩手机的学生也越来越少了。

【案例反思】

我是一位老师，也是一位妈妈。有句话说"爱生如爱子"，我要说"教生也如教子"。生活中，自己的孩子再调皮、再让自己头疼，我也无法将他推出门外，也无法对其视而不见。可我们往往在学生的错误面前，时而怒不可遏，一阵"电闪雷鸣"，时而"和风细雨"，语重心长，希望犯错的学生立刻低头认错，如果学生不马上表态，便把"电闪雷鸣""和风细雨"再来一遍。在重复到两遍以上时，其结果往往是自己渐渐失去了耐心，学生也渐渐产生了抵触情绪，使教育行动陷入僵局。

有句话说，教育的本质就是培养学生一种积极的态度。教育学生时我常常思考，当发现学生犯错时，教师是引导学生与自己积极地交流，还是把学生置于消极地等待老师批评的心理中。我和犯错学生当面交流时，最常做的一件事，就是祈祷自己的耐心久一点：再给我 10 秒，让我等待。等待什么呢？等待学生认识错误，等待他做出正确的反应，等待他给我微笑的机会。

我通常的做法是：在做出任何行为之前，给自己 10 秒钟的时间；在做出行为之后，给学生 10 秒钟的时间，期待学生和我一起微笑。

（作者单位：江苏省扬中中等专业学校）

以生为本,爱之懂之

谭 磊

【案例背景】

我从事职教生涯迄今为止才短短两年,在这两年中除了丰富了自己的教学经验外,影响我最深的就是各种教育理念的撞击。新型的教育理念旨在以生为本,而对于刚加入教育行业不久的我来说,只能尽自己最大的努力去尊重、关心、爱护、理解学生,让课堂教学、课后辅导尽可能从学生易接受、感兴趣的着力点出发。

但大家都知道中职生属于比较特殊的群体,与普高生相比,他们或多或少存在着这样或那样的问题,如缺乏学习热情、考试焦虑、违纪、厌学等。

案例一　求知欲弱,学生退学

【案例描述】

我任教的是高一的专业课,该班共 8 个学生。Z 同学是该班唯一的男生,我曾开玩笑说:"你是你们班的国宝大熊猫呀!"而他总是低着头,敛着笑,一语不发。开学时,因为刚接触学生,让他们做自我介绍,Z 同学就说他是一位性格内向的人。我说:"学旅游可不能太内向哦。"我不喜欢他们上课时死气沉沉、埋着头,所以我尽量用幽默的语言去感染他们,在这样的氛围下,Z 同学终于有了更多的表情。但他具有严重的拖延症,这从他走路的姿势和书写的痕迹就可以看出来,因为他走路慢慢的、轻轻的、摇摇晃晃的。我一直以为男生走路向来健步如飞,原来也有例外! 每次如果有人没交假期作业的话,那就一定是 Z 同学,甚至有同学反映:"如果他作业没做,第二天可能就不会过来上课,而是在家补作业,这是他从初中就养成的习惯。"

【方法措施】

对于 Z 同学的这种行为,我没有过分批评,只是大致了解了一下情况后,语重心长地对他说:"下次我希望你能给我惊喜。"可没过几天,到来的不是惊喜而是惊吓。有学生说:"Z 同学不来上学了。"起初我以为是玩笑,甚至扪心自问:我应该没有给他施加压力到他要退学吧! 经了解,原来他曾不止一次在同学面前说不想上学之类的话。下课后,我特地问了他们班主任:"Z 同学不来了吗?"他们班主任说:"目前没有,只是今天失踪了一天,他的父母都快急死了!"而班上知道他的行踪的同学都不愿透露消息。就这样,过了几天,他一直没来,后来经确认,他真的退学了,他的父母也被逼无奈同意了。我愕然,怎么会这样呢,Z 同学虽然不能及时完成作业,但我一直认为他是个聪明的孩子,每每要背书的时候他总能第一时间把知识点背出来,有时还自豪地对同学说:"这种简单的题目不要找我,我要挑战难的。"就是这样一位男生,无缘无故就退学了,毫无征兆,难道真的厌学至此吗? 难道不能再努力一把吗? 难道有一天不会后悔吗?

【案例反思】

通过这件事情,我才知道我对学生的关心太少了,也许很早之前他就有了这种苗头,如果我当时能积极地追根溯源,对他进行心理辅导,让他摆正学习态度,和他一起面对学习中的困难,结局可能又是另一种。陶行知先生曾说:"谁不爱学生,谁就不能教育好学生。"只有关心爱护学生,才能走进他们的心灵、做好他们的行为矫正工作。教育实践告诉我们,爱是一种最有效的教育手段,师爱可以温暖一颗冰冷的心,可以使浪子回头。当学生体会到老师对自己的良苦用心、殷切希望时,他们就会变得"亲其师而信其道"。

案例二 自尊、自卑、自弃交织

【案例描述】

自从 Z 同学退学后,一些负面情绪在学生心中滋长。某天,我在去上课的路上,碰巧遇到班上几个女生,她们问我"老师,上大学有意思吗""我感觉好像上不下去了""能上职专班吗"等,当时我没有直接否定她们的思想,而是给她们勾画蓝图,培养她们的自信心。但一次简短的谈话根本起不了什么作用,她们仍在学习的问题上游移不定。因为要开公开课,原先定了两个小组进行情景模拟扮演,因为 Z 同学的缺席,活动进行得有点混乱。本来戏份最多的角色是由 Z 同学扮演的,这下可好了,小组 1 的成员就你推我让,谁也不愿做显眼之人,她们希望从小组 2 中调一人过来充当这角色,用她们的话说"我们是学渣组,她们是学霸组,我们演不了的"。虽然班里只有七个学生,但两极分化现象非常严重,她们常常自成两派:"学渣"一组、"学霸"一组。而"学霸"组成员也不愿意加入她们的阵营。就这样问题来了,小组讨论的时候,"学霸"组讨论得相当有激情,而"学渣"组一声不吭,自个儿忙自个儿的,表情很僵硬。讨论时间结束,依然没有定下最后的角色扮演人员。

【方法措施】

这样的情形迫使我不得不中止课堂教学。首先我告诉她们:"Z 同学的退学是由各方面的原因引起的,对他的退学我感到很遗憾,也许有一天,他会为自己今天的这个举动感到后悔。其次,我们都是独立的个体,不能因为某一同学的行为而影响自己的学习。我们得找准目标向前看,拨开重重迷雾后,胜利的曙光将在前方迎接我们。再次,希望大家团结,本来我们人数就不多,这次是分为两组,以后模拟扮演的机会还有很多,会分成三组或四组,你们还是保持这样的小团体吗?"最后,我依然按她们的分组给她们选择角色,并提出了奖励措施:"凡是承担重要角色的、表现优异的,将可以免写作业。"

【效果体会】

在这样的激励政策下,同学们又踊跃起来。惊喜的是,所谓的"学渣"组比"学霸"组更具表现力,更富感情色彩。同时,她们对自己能表现出这样的水平也感到很高兴,希望有更多的表现机会。

【案例反思】

事后我想了想,产生这样的课堂现象的原因有很多:第一,学生的学习动机在很大程度上受情绪的影响。Z同学的退学导致她们情绪不稳定,必须尽快调节她们的情绪,激发她们的学习动机。第二,中学生的直接交往对象是同伴,同伴的排斥或结盟在很大程度上都会造成学生自我认知的偏差,使他们过高或过低地看待自己,易产生自卑、自负、退缩等情绪。第三,中职生又具有较强的自尊心,她们更渴望平等和成功,哪怕是表面看起来满不在乎、玩世不恭的学生,都有一颗十分敏感、脆弱的心。第四,她们确实缺乏自信心,也许是受到了太多的挫折、批评,她们面对机会时常常如鸵鸟般躲避。因此,老师应当尊重、信任她们,帮助她们克服自卑心理,唤起她们的自尊心,提高她们的自信心,让她们懂得:人只要有志气,敢奋斗,能坚持,就会有所作为。我们应该努力创设条件,让学生体验成功的喜悦,坚持动之以情、晓之以理、循循善诱,坚持正面引导、以理服人,帮助她们逐步提高思想认识。实际上只要我们细心观察,善于捕捉她们的"闪光点",尤其是那些被大量消极因素所掩盖的"闪光点"。终有一天她们也会成为"金子"。

案例三 学习畏难,缺乏兴趣

【案例描述】

我们班的学生的精力基本上不在学习上,她们怕苦畏难,没有明确的学习动机,对学习不感兴趣,总把学习看作是一种沉重的负担,对待学习的态度比较消极,遇到困难和障碍时不能坚持,缺乏克服困难的信心和勇气,养成了各种各样不良的行为习惯,例如懒散、爱玩手机、完成任务偷工减料、撒谎等。

【案例反思】

对于我来说,课堂教学必须立足于学生的活动,培养她们的学习兴趣,提高她们的求知欲望,要热心帮助她们,多利用课外时间指导她们,促进她们改进学习方法,根据她们的爱好和特长,组织她们参加活动,只有这样,她们的学习积极性才会进一步提高,信心才会倍增,学习才会进步,思想境界才会提高。同时我采取目标激励的方法,促使她们养成做事情有目标的习惯,使她们进步。

冰冻三尺,非一日之寒,学生问题行为的转化不是一件容易的事,往往采取了措施后也不能立竿见影,这需要我们以生为本,不断地去训练和强化他们,注重对他们的心理疏导,平等对待每一位学生,长此以往,才会让他们的学习不断进步!

(作者单位:江苏省扬中中等专业学校)

用真心真情拨动心灵之弦

王　妮

【案例描述】

记得在刚开学的第一节课堂上,我罗列了学生在课内课外应遵守的守则,所谓"先抑后扬"也。刚进入校园的他们很乖,都睁着渴望知识的眼睛安安静静地坐着,给我的印象非常好。但几天下来,我和班主任就发现一个男生几乎每天背着一个大书包,手里拎着两个塑料袋,老是急匆匆的,座位上下乱成一团。他,就是刘同学。

在教室里,我正在和学生们一起探讨教学案上的习题,一转眼,发现刘同学睁着一双迷茫的眼睛,左看右看,完全不在状态。"刘同学,请认真!"我大喊一声,迅速走到他跟前。哎!教学案上我划过的红杠(对学生做过的教学案上的错误进行的标记)又是一个没改正,我一阵火起,拿起他的教学案,把它三下两下撕成了碎片,吼道:"放学后留下来!"全班人都吓呆了,静悄悄地看着。

【原因分析】

与家长沟通后得知,刘同学从小学到初中都和爷爷奶奶一起住在天津,爷爷奶奶特别宠他,任何事都不让他插手。初中毕业后,他回到了镇江,和妈妈住在一起,而爸爸在外地工作。他自理能力很差。在家里,他妈妈要把他所有的东西整理好,甚至书包里的书本也要帮他放好，写作业时还要陪着、看着他，否则到了第二天，不是这项作业忘了做，就是那项作业忘了带，他妈妈很烦恼，不知如何是好。可想而知，他在学校自然就更没条理了。

因为高一英语与初中英语衔接的部分很简单，刘同学又很聪明，开始时他成绩还不错，但越往后英语越难，再加上南北方在英语学习方面存在地域差异，他的成绩就像一根抛物线，从最高点一降再降。作为教师，我可以说是急在心头，几乎用尽了各种办法，如家访、严厉说教、请班上同学监督等，真是黔驴技穷了。这些费时费力的行为的结果是：刘同学上课时越来越不注意听讲，甚至出现了作业乱做一气和课堂作业不改正的情况。这种现象说明他已经严重厌学了，如果不及时扭转局面，他很有可能在后面的学习中"弃学"。

【方法措施】

与其他中职男生相比，刘同学的优点就是脾气温和，比较听老师的话。虽然他成绩不好，但老师批评他时，他从不跟老师顶嘴，并且每次都谦虚接受。正是基于这一点，我觉得他"还有救"。于是，我认真审视了自己的教育教学，发现自己只顾着抓他的成绩而忽视了对其心理的关注。自我反省之后，我试着走近刘同学，并深入了解他，对他进行相应的教育。

谁爱学生，学生就会爱谁，只有用爱才能教育好学生。多次放学后，我请刘同学留一会儿，对他上课时因不注意听讲而遗漏的知识点进行再次辅导；或者跟他像朋友一样谈心，他说自己就是控制不住，上课时手里一定要抓个东西，或者左看右看，或者莫名其妙地笑一笑。知道了刘同学的这个情况，我就利用课下的时间和他交朋友，并把班上的同学都介绍给他做朋友。一天放学后，我特意让刘同学一个人留在教室里。我说："你有很深的自卑感，对不对？"他看看我，不说话。我又说："从你不敢出声读英语、下了课独自一个人坐在教室里、不怎么跟别人交流、在班上没什么朋友等可以判断出来,你把自己深深地藏了起来,为什么要这样做?不要说你只是个孩子,成年人都怕孤独!如果要改变现状,首先要改变你自己,变被动为主动,让别人愿意接触你。"一席话落,刘同学的眼睛里已经闪着泪花,他说:"我想逃,逃回天津,我还是不适应这里!"我鼓励他要像个男子汉,勇于克服成长中的困难,可以跟家人还有老师甚至知心朋友多谈谈心,一切都会过去的,以后回头再看看,这是人生中很重要的成长阶段。回家的时候,刘同学很有礼貌地说:"老师,再见!"

过了几天,放学后,班里就剩下了刘同学一个人,因为他当天的默写没过关,我让他留下重新默写。他还是磨磨蹭蹭的,于是我决定先放弃重新默写,给他讲了一个故事——"你凭什么上北大"。这是一个励志故事,"没有不可能"是使故事主人公受益终生的亲身体验。刘同学听后,垂着头,我想他一定有了感触。

【效果体会】

第二天早读课,我让学生到黑板上默写单词,其中就有刘同学,我提了五个简单点的单词,同时提醒他把字母写清楚。默写完后,我和同学们一起批改,还不错,刘同学都默写对了。我转过身来,对回到座位上的刘同学投去了赞赏和鼓励的目光。他微低着头,脸有点红,还带有一丝微笑。

于是,我因势利导,课后找到他,对他的作业错误和英语的发音错误进行一一指正。他的确聪明,一点就会,但就是有自卑心理和懒散的习惯。找到了问题所在,就好对症下药。后来,我一直以鼓励和表扬为主,抓住他的点滴进步,不断鼓励,在学生面前夸奖他是个聪明的孩子。渐渐地,他不但能独立完成作业,而且字也越写越漂亮了。现在,刘同学的学习积极性越来越高,成绩也有了很大的提高,和同学的关系也越来越融洽,见到老师也会很有礼貌地问好了。后来,他妈妈还高兴地打来电话说,刘同学的书包早就不需要她来整理了。

【案例反思】

精诚所至,金石为开,和问题学生打交道,需要和他们成为朋友,并在交往的过程中给他们一点指导、一点帮助。即使是看似"一无是处、不可救药"的学生,他们的心灵深处或多或少也渴望美好。因此,对问题学生进行转化,与其说是教师向他们灌输各种观念(即使是很巧妙的"灌输"),不如说是引导他们发现自己身上的优点,帮助他们树立生活和学习的自信,引导他们走进阳光的人生。

著名教育家陶行知说过:"真的教育是心心相印的活动,唯独从心里发出来的,才能打动心灵的深处。"在与学生们一次次磨合的过程中,我慢慢学着去宽容、学着去理解。学生对我们老师的要求并不高,只要我们真心一点、平等一点、多赏识他们一点,他们就会心满意足、"言听计从"。在以后的日子里,我会努力地蹲下身子与学生对话,也努力用自身的行动去影响他们。"感人心者,莫先乎情",努力做到真情付出时,我们收获的必定是学生更多的爱!

(作者单位:江苏省润州中等专业学校)

和谐课堂　有效互动

张正珏

【案例描述】

在学《秘书基础知识》第十章"日常事务"中的第二节"接打电话"时，依据教材，结合现实生活中的场景，我精心设计了一个个问题情境，准备采用角色扮演法及情境教学法进行本节内容的教学，让学生在表演过程中提出问题、发现问题、解决问题。

课堂上，导入新课后，我便面带微笑地提出了问题："同学们，在座的你们有没打过电话的吗？"同学们异口同声地说："没有!"我继续追问："有没接过电话的吗？"同学们又异口同声地说："没有!"

我又趁热打铁地诱导："在现代社会，电话已经走进千家万户，成为我们日常交流的一个最普通的通信工具。而对于秘书来说，接打电话更是最经常的一项日常工作。今天在课堂上，同学们敢不敢模拟表演一下，比一比谁最会接打电话？"同学们热情高涨地说："没问题!"

此时，多媒体投影上适时出现了各种问题情境。同学们立刻对照问题思考、讨论起来，同桌之间、前后左右同学之间进行了交流，商量并确定合作伙伴，活动进行得热烈而有序。女生 A、女生 B 抢先进行了第一个情境的角色扮演。

"对于两位美女的精彩表演，在座的各位大众评委，你们有何要评论的吗？"她们两个人表演结束后，我不失时机地加以表扬和引导。

男生 C 抢着发言:"我觉得她们接打电话的语气和蔼可亲,语言表达也很清楚。"女生 D 站起来发言:"我觉得接电话的是不是太急躁了点,电话刚响了一声就接了,好像显得不稳重。"还未等女生 D 坐下来,男生 E 已经迫不及待地说:"我同意,应该让电话响几下再接。"

"如果响个五六声,甚至七八声我们才接,行不行呢?"我也加入了讨论。"肯定不行,太不尊重对方,而且如果这样做,对方会认为没人,有可能会挂断电话。"女生 E 接过我的话,大声发表自己的意见。同学们更踊跃了,好多同学都抢着发表自己的看法。

就在这热烈的讨论中,我们得出了问题的答案——响三声接为最佳。就这样,针对一个个问题情境,同学们扮演着、评论着,一个个地接打电话过程中的问题被发现,又一个个被解决。

当最后一个问题解决后,我出其不意地提出一个请求:"看你们表演得这么热烈,我也想过过瘾,你们愿意捧场吗?有人愿意和我合作来个即兴表演吗?"我话刚说完,全体同学就沸腾了,都说好,自告奋勇者更是不少。我挑了性格内向的男生 F,他的脸上当时也洋溢着兴奋。

我们的表演开始了,全班同学都用期待的目光注视着我俩。我扮演打电话的人,拿起电话道具,拨起号码,"滴——滴——滴",三声铃响后,男生拿起电话。我就开始对着话筒讲话了,不是一句两句,而是连绵不断、滔滔不绝,那个男生没有接话的机会。只见那男生的脸由红变白、由白变青,最后脸上的肌肉都似乎抖动了,只听"啪"的一声,男生把电话挂了,气呼呼地回到座位,一屁股坐了下来。我放下电话,质问那个男生为什么挂我电话。他怒气未消地嘀咕:"谁让你这么啰唆,我连讲话的机会都没有!"面对此情此景,全班同学的表情似乎都有点严肃,他们的目光停留在我们俩身上。

我说:"我想请同学们评一评理,他凭什么要挂我电话?我难道有错吗?"同学们立刻低声讨论起来。课代表首先站了起来,说:"老师,我觉得他这么挂断别人的电话,不太礼貌,我们应该善于倾听。"话音未落,男生 G 已经站起来打断她的话说:"我不觉得他挂断电话有何不礼貌,反而我认为老师您做得不够好。我们不是才讨论接打电话应该言简意赅吗?你这样,别人不挂您电话才怪!大家说是吧?"他批评我的时候居然还不忘用尊称。

"今天事情比较急,我承认我是有点急躁,可他生气就这样挂我电话,我也会生气呀,难道工作就不谈了?"我委屈地辩解。

"我觉得两个人有这样的情绪,有可能影响双方企业以后的合作,那就太得不偿失了!"男生 H 接过我的话说。

"对,这样有点以暴制暴的感觉,既然老师您作为打电话的人不礼貌在先,那接电话的他为什么不能表现得彬彬有礼呢,认真听完,礼貌做答,或许打电话的人会因此而变得有礼貌。"一位女生顺着男生 H 的话,不紧不慢地说出自己的想法。

"说得太好了,"我赞许地说:"在今后的工作和生活中,应该尽量避免老师刚才所犯的错误。当然,如果你不幸遇到像我这样打电话的,也要保持好良好的风度哟!"

"老师刚才的表演,您是故意逗我们的吧?"不知是谁叫了起来。

"对呀,这就是我们这节课最后一个要分析的情境,现在才想到啊!"我笑着回答了同学们的疑问,又转向男生 E 说:"今天对不起了,下次讨论来客接待内容时我们再好好合作!"

他抬头瞟了我一下,又低下头,羞涩地说了一声:"好!"

面对此情此景,我和全体同学都笑了。

【效果体会】

纵观这节课,在整个教学过程中,我与学生分享彼此的思考、经验和知识,交流彼此的情感、体验和观念,丰富了教学内容,从而形成共识、共享、共进,实现了教学相长和师生共同发展。可以说这节课是我们师生之间共同参与、共同探讨、合作学习的过程。教与学之间的有效交流和互动成就了一节精彩课堂。

正如新课改理念提出的，我们教师不仅仅要单纯地"传道、授业、解惑"，而更应该利用多种方式，把学生互动、师生互动与教学有机结合起来，让学生在讨论、辩论、收集、探索研究等活动中发现问题、解决问题，学会合作学习、探究学习。

由此，师生互动作为一种有效的教学形式，许多教师教学时都会采取这种形式，力图在课堂教学中师生能够"动起来"。于是，有些教师在课堂上设置许多问题，学生成了回答问题的机器，一堂课很热闹；还有一些教师对学生的回答一律持肯定和赞扬的态度，学生学得很愉快，精神也得到了很大的满足。在这样的课堂，师生是"动起来"了，可是这样的互动有效吗？答案是否定的，这只是形式上的互动。

只有真正有效的师生互动才能为提高课堂教学效率，引导学生获取知识、提高能力、积极思维、探索解决问题的途径创设条件。而要真正体现它的有效性，教师不仅要在理念上重视它，更要在课堂教学实践中处理好互动中形式与内容的关系，构建起轻松和谐的课堂学习共同体。

【案例反思】

如何促成有效互动呢？我想我们教师可以从以下两方面去努力。

一、构建和谐的师生关系

教学实践证明，教学过程中最活跃的因素是师生之间的关系。对教学而言，师生关系意味着对话，意味着参与，意味着相互建构。和谐的师生关系是师生之间的一种教学情境和精神氛围。

教师应该正确地认识到，师生之间不仅仅是教与学、授与受的关系，更应该是人与人、你与我的平等关系。所以在课堂上，教师不能只一味地强调"教"的权威，更应突出学生学习的主体性。学习只有在民主、平等、和谐的氛围中进行才能取得良好的效果。那种教师权威式的讲解与"独白式"的教学不可能产生有效的互动，有效的互动需要宽松的外部条件和良好的心理环境作支撑。

因此,作为教师,一方面我们要改变自我,放下"师道尊严"的架子,把自己和学生放在平等的位置上,同他们交朋友,尊重、理解他们。另一方面我们要和学生一起学习,平等地参与学生的研究,成为发掘资源的向导、寻求真知的组织者、学生学习的指导者,让师生在民主、和谐的教学情境中敞开心扉、平等交往,达到互动互学的目的。

二、创设有效互动的情境

建构主义学习理论认为,知识不是通过教师传授获得的,是学习者在一定的情景即社会文化背景下,借助于其他人(包括教师和学习伙伴)的帮助,利用必要的学习资源,通过意义建构的方式获得的。学习实质上是一种意义建构的历程,更是一种真实情境的体验。

因此,实现课堂教学的有效互动,就要求教师根据教学内容,结合学生实际创设情境,提供尽可能多的机会让每个学生参与其中。在特定情境中,将课堂还给学生,将探索的空间还给学生,把自主还给学生,使课堂教学与学生的情感、体验、思维、创新水乳交融,从而激发学生的学习动机,发展学生的思维能力,提高学生的综合素质。

(作者单位:江苏省句容中等专业学校)

后 记

　　《吹面不寒杨柳风》以宋朝志南和尚的诗句为书名，这本职业教育案例集的出版，恰似一阵温暖的春风，拂过我们的心头。更为重要的是书中每一个生动案例折射出的职业教育工作者的教育情怀，犹如春风拂柳的丝丝温情，无不沁人心脾。

　　本书的出版不仅是江苏省教育科学"十二五"规划课题"中职生失范行为的矫正策略研究"课题组全体人员的努力成果，也是镇江市教育局领导重视，特别是薛安明副局长亲自关心的结果。书中还凝聚着镇江市职教教研室领导、辖区各职教教研室专家和每一篇案例作者的心血。在此，我们向所有为本书出版做出贡献的同志，一并表示感谢！

　　由于水平所限，书中难免有不足或不当之处，恳请各界朋友批评和指正。

编　者

2015 年 11 月